Mittsommernachtsliebe

SERIE PIPER

Zu diesem Buch

Knisternde Begegnungen in der hellen nordischen Mittsommernacht: bekannte skandinavische Autorinnen und Autoren erzählen von Anziehung und Erotik, Spannung und großen Gefühlen. Bei Katarina Mazetti läßt sich ein Mann beim Laufen im Wald von einer rätselhaften Frau betören. Åke Edwardson erinnert sich an die jungen Damen auf dem dörflichen Tanzplatz, die nicht mit ihm tanzen wollten, sondern immer vorgaben, auf ihre Freundin zu warten. Und bei Theodor Kallifatides lernt ein Schriftsteller nach einer Lesung die seidigsten Stellen einer Frau kennen, nur dummerweise am Tag vor ihrer Hochzeit ... Holger Wolandt hat die schönsten erotischen Geschichten aus Skandinavien versammelt – von Inger Edelfeldt, Kjell Johansson, Levi Henriksen, Helene Tursten und vielen anderen. Ein Begleiter für sonnige Sommertage und laue Nächte, ob allein oder zu zweit.

Holger Wolandt, geboren 1962 in Würzburg, studierte Nordistik, Anglistik und Germanistik in München. Heute lebt er als Reisejournalist, Übersetzer und Herausgeber in Stockholm. Er hat zahlreiche Anthologien herausgegeben, darunter das »Skandinavische Lesebuch«, »Unter Mördern und Elchen«, »Ferien zu zweit«, »Elche im Schnee«, »Tod am Fjord«, »Mittsommernachtsliebe«, »Schwedische Appetithappen« und »Elche am Fjord«.

Mittsommernachtsliebe

Liebesgeschichten aus Skandinavien

Herausgegeben von
Holger Wolandt

Übersetzt von Hedwig M. Binder, Susanne Dahmann,
Gabriele Haefs, Annika Krummacher, Lotta Rüegger
und Holger Wolandt

Piper München Zürich

Mehr über unsere Autoren und Bücher:
www.piper.de

Diese Texte sind eine Auswahl aus der Anthologie »Mittsommernachtsliebe«, Piper Verlag, München 2006.

Von Holger Wolandt herausgegeben, liegen bei Piper im Taschenbuch vor:
Elche im Schnee
Tod am Fjord
Mittsommernachtsliebe
Kleine Elche im Schnee
Schwedische Appetithappen
Elche am Fjord

FSC
Mix
Produktgruppe aus vorbildlich bewirtschafteten Wäldern und anderen kontrollierten Herkünften
www.fsc.org Zert.-Nr. GFA-COC-1223
© 1996 Forest Stewardship Council

Taschenbuchsonderausgabe
Juni 2008

Umschlaggestaltung: Cornelia Niere, München
Umschlagfotos: Images.com / Corbis Getty Images (oben) und Michelangelo Gratton / Getty Images (unten)
Satz: Filmsatz Schröter, München
Papier: Munken Print von Arctic Paper Munkedals AB, Schweden
Druck und Bindung: CPI – Clausen & Bosse, Leck
Printed in Germany ISBN 978-3-492-25200-3

INHALT

OLINE STIG

Die Hochzeitsreise

Dunkle, blaugraue Wolken senken sich über uns herab und tauchen die Landschaft in Schatten. Erik sitzt am Steuer. Der Wind rüttelt am Auto. Es regnet, erst schwere Tropfen, dann schüttet es. Die Scheibenwischer fahren mit maximaler Geschwindigkeit hin und her, aber das nützt nichts, der Regen peitscht gegen die Windschutzscheibe, man sieht nichts als Wasser.

Elsa schläft mit offenem Mund. Sie sitzt angeschnallt im umgedrehten Kindersitz neben Erik. Sie ist sechs Monate alt und hat gerade ihren ersten Zahn bekommen. Sie ist schöner als alles andere auf dieser Welt. Wenn sie lacht, verengen sich ihre Augen zu glitzernden Schlitzen. Normalerweise lacht sie fast unentwegt, aber seit einer Woche quengelt und schreit sie. Wahrscheinlich liegt es am Zahn. Wir haben ein Buch, in dem steht, dass es sehr lange dauern kann, bis ein Zahn durchbricht. Das ist ganz normal.

Erik und ich streiten uns nun schon seit einer Woche. Auch das ist ganz normal.

Das Auto schwankt im Wind, manchmal verliert es in den Pfützen an Bodenhaftung, nur ganz kurz, dann greifen die Reifen wieder. Ich lehne mich zurück und schaue hinaus. Ich konzentriere mich auf die Landschaft, um die Furcht einzudämmen.

Auf den gelben Stoppelfeldern liegen runde Ballen aus gepresstem Stroh. Das ist hübsch. Ich will etwas darüber sagen, finde aber keine Worte. Ich überlege mir, wie lange es her sein mag, dass wir über etwas anderes als Elsa geredet haben. Oder über Geld und den Abwasch oder alles, was kaputt ist und repariert werden müsste.

»Verdammte Karre«, brummt Erik.

Wir haben einen Volvo Amazon. Ein gutes Auto, wenn man davon absieht, dass es durchs Dach regnet. Außerdem funktionieren die Scheibenwischer miserabel, und die Sicherheitsgurte lassen sich nicht richtig straffziehen. Aus dem Getriebe sickert Öl. Nicht viel, nur ab und an ein bisschen, das hängt ganz vom Wetter und anderen unerklärlichen Umständen ab. Es tropft aus einem kleinen, gemeinen Loch, das bisher noch kein Automechaniker aufspüren konnte. Wenn das Öl zur Neige geht, lässt sich die Kupplung nur mit Mühe betätigen, es knirscht und kreischt, und es bleibt einem nichts anderes übrig, als im Kriechtempo die nächste Werkstatt anzusteuern. Abgesehen davon und von einigen anderen Dingen ist es ein gutes Auto. Es ist innen wie außen gut erhalten und kaum rostig. Wenn wir es gewaschen haben, glänzt es, dass man sich im Lack spiegeln kann.

Das Auto ist wie unsere Beziehung. Im Moment knirscht es mehr denn je. Ich wünschte, es gäbe einen fähigen Mechaniker, der das unsichtbare Loch finden könnte, aus dem unsere Liebe davontröpfelt.

Mein Kleid ist zerknittert. Der eine Ärmel hat einen Milchfleck. Ich habe mir das grüne Abendkleid meiner Mutter ausgeliehen. Erik hat einen marmorweißen Anzug gemietet. Wir sind auf dem Weg zu einer Hochzeit.

»Wieso müssen die eigentlich heiraten?«, sagt Erik plötzlich. »Sie sind doch gar nicht religiös.«

»Vielleicht lieben sie sich ja«, erwidere ich. »Musst du so schnell fahren?«

Wir sind spät dran.

Wir halten an einer Tankstelle. Es dauert ein Weilchen, bis wir merken, dass wir das Portemonnaie vergessen haben.

»Lag es nicht in deiner Jackentasche?«, frage ich.

»Ich habe meine Jacke nicht dabei«, antwortet Erik, »sondern nur diesen lächerlichen, sauteuren Leihanzug.«

»Also ist es meine Schuld?«

Es geht wieder los.

»Der Fehler an dir ist, dass du nie Verantwortung übernimmst.«

»Der Fehler an dir ist, dass du immer alles richtig machen musst.«

Der Fehler an dir, der Fehler an mir, der Fehler an dir. Wir fahren wieder auf die Straße. Die Tankanzeige steht ganz unten im roten Feld. Elsa erwacht plötzlich und schreit wie am Spieß. Ich nehme eine halbe Banane aus der Handtasche. Die Kleine schlägt mit Armen und Beinen um sich.

»Hast du die Windel gewechselt?«, fragt Erik.

»Sie ist müde«, sage ich.

»Es ist bestimmt der Zahn.«

»Das hört man doch, dass sie müde ist«, sage ich.

»Du musst immer alles besser wissen.« Eriks Kiefermuskeln bewegen sich unter der Haut. Wie immer, wenn er wütend ist.

Elsas Wangen sind tränen- und bananenverschmiert. Ich öffne ihren Gurt und hebe sie zu mir auf den Rücksitz. Ich wiege sie dicht an meiner Brust. Sie wehrt sich und will sich nicht beruhigen lassen. Ihr Geschrei erfüllt meinen ganzen Körper. Es fühlt sich an, als müsste mein Kopf platzen.

»Wir müssen anhalten.«

Gerade als ich die Worte ausspreche, rollt der Wagen an den Straßenrand und hält. Der Motor stirbt ab. Der Tank ist leer. Erik legt seine Stirn aufs Steuer. Dann öffnet er die Tür und verschwindet wortlos. Ich sehe ihn mit schlenkerndem Reservekanister das Feld überqueren. Elsa schläft mit ihrer Wange an meiner Brust ein.

Ich kann mich an ein anderes Mal erinnern, als der Motor versagte. Das war auf einer Autobahn in Frankreich. Wir stellten das Pannendreieck auf, legten uns auf den Rücksitz und liebten uns. Draußen waren fünfunddreißig Grad, und unsere Körper waren schweißgebadet. Als es dämmerte, schoben wir den Wagen in den nächsten Ort.

Ich kann mich noch erinnern, wie wir über Paare lachten, die über Abwasch, Wäsche und Geld stritten. Das wirkte so kleinlich. Wenn wir je stritten, dann drehte es sich um wichtige Dinge. Um den Sinn des Lebens. Um den freien Willen und die Existenz Gottes. Heute Morgen stritten wir darüber, ob Elsa ihren Brei mit einem großen oder einem kleinen Löffel essen sollte.

Ich weiß nicht, warum wir das immer wieder schaffen. Es kommt mir vor, als würde alles, was uns verbindet, uns voneinander entfernen. Es fühlt sich an, als würde irgendetwas allmählich absterben.

Der Regen hat aufgehört. Erik kommt auf das Auto zu. Ich kurbele die Scheibe hoch. Die marmorweißen Anzughosen sind schwarz bis zu den Knien.

»Sie hatten kein Benzin, aber sie holen uns welches. Wir dürfen so lange auf einen Kaffee reinkommen.«

Wir schweigen den ganzen Weg übers Feld. Die Erde klebt an meinen hochhackigen Sandaletten. Erik trägt Elsa. Sie schläft friedlich, während ihr Kopf an seiner Schulter schaukelt.

Das Haus ist klein und weiß mit grünen Fensterrahmen und Holzverzierungen. Die Frau empfängt uns an der Tür. Sie hat ihr kräftiges schwarzes Haar zu einem lockeren Knoten im Nacken zusammengefasst. Sie sieht sehr blass aus, aber ihre Augen sind durchdringend grün. Ihr Alter ist unbestimmbar, sie könnte fünfunddreißig, aber auch fünfzig sein. Sie lächelt uns an.

Das Zimmer ist klein und nur sparsam möbliert. Es riecht schwach nach Lavendel. In einer Ecke steht ein Sofa mit einem leuchtend blauen Tuch darüber, in der anderen eine Staffelei mit Farbtöpfen. Das Bild auf der Staffelei befindet sich noch im Anfangsstadium, ein grünes Feld mit roten Farbtupfern.

Wir treten ein und nehmen in der Küche Platz. Der Tisch ist bereits gedeckt. Weiße Kaffeetassen mit Goldrand. Mitten auf dem Tisch steht ein dampfender Apfelauflauf. Ich fühle mich befangen. Was für einen Grund hat sie, uns so zu bewirten? Die Frau errät meine Gedanken.

»Sie hatten Glück, dass Sie ausgerechnet heute gekommen sind. Ich kann mich gar nicht mehr daran erinnern, wann ich das letzte Mal Apfelauflauf gebacken habe. Der Garten ist voller Äpfel. Sie dürfen gerne mitnehmen, so viel Sie tragen können.«

Elsa schlägt die Augen auf und zeigt ihr bezauberndstes Lächeln. Ihr ganzer Körper hüpft vor Lachen, sie streckt der Frau ihre Arme entgegen und brabbelt: »Da, da, da, da …«

»Darf ich sie mal nehmen?«

Die Frau hebt Elsa in die Luft. Elsa jauchzt und lacht. Dann zieht sie an ihrem Haar. Ich erhebe mich, um sie davon abzuhalten.

»Das macht doch nichts.« Die Frau winkt abwehrend mit der Hand.

Der Apfelauflauf ist warm und knusprig, und die Vanillesoße ist kühl und hat genau die richtige Konsistenz. Die Frau spielt gleichzeitig mit Elsa, redet und kocht Kaffee. Erik und ich essen. Ab und zu nicken wir zustimmend mit dem Kopf. Sie irritiert mich. Ich versuche herauszufinden, weshalb, und komme drauf, dass es daran liegt, dass sie so glücklich wirkt. Sie ist auf so übersprudelnde Weise intensiv, und ich bin nur müde. Ich gebe Erik unter dem Tisch einen Tritt und verdrehe die Augen, als sie uns den Rücken zukehrt. Er versteht mich nicht. Sie gefällt ihm wahrscheinlich. Er hatte schon immer eine Schwäche für ältere Frauen.

»Sie müssen unbedingt meine Pflanzen sehen«, sagt sie.

Sie trägt Elsa auf den Schultern, und Elsa jauchzt vor Vergnügen. Ich verspüre einen leichten Stich von Eifersucht.

Die Pflanzen stehen auf einer verglasten Veranda auf der Rückseite des Hauses. Es sieht aus wie in einem botanischen Garten voller Schlingpflanzen, Palmen, Bonsaibäumchen, Gummibäumen und blühenden Kakteen. Die Frau dreht eine Runde und erzählt im Detail von jeder kleinen Pflanze. Ich bekomme Kopfschmerzen. Erik wirkt vollkommen fasziniert.

»Wie weit ist es bis zur Tankstelle?«, frage ich.

»Ungefähr zehn Kilometer«, sagt die Frau. »Er ist sicher bald zurück. Haben Sie es eilig?«

»Wir sind auf dem Weg zu einer Hochzeit.«

Wir gehen in die Küche zurück. Die Frau schenkt Kaffee nach und bietet noch mal vom Auflauf an. Sie selbst hat nicht einmal probiert. Sie ist sehr mager. Sie achtet sicher auf ihr Gewicht, denke ich. Sicher hat sie einen zwanzigjährigen Liebhaber. Elsa sitzt immer noch auf ihrem Schoß und spielt mit dem langen, schwarzen Haar, das sie inzwischen gelöst hat. Es reicht ihr fast bis an die Hüfte. Sie erzählt von ihrer Malerei. Und davon, wie glücklich sie ist, wenn sie malt.

»Ich stehe normalerweise um sechs auf«, sagt sie. »Das Licht ist so schön, wenn die Sonne gerade aufgegangen ist.«

Ich stehe auf und mache Elsas Hände los, die sich in ihrem Haar verheddert haben.

»Glauben Sie mir«, sagt sie. »Das macht nichts.«

Dann nimmt sie die Perücke ab und legt sie auf den Boden. Das Haar ergießt sich wie ein schwarzer Schwall über den Boden. Elsa wird ganz wild vor Freude und bohrt ihren Kopf hinein.

Der Kopf der Frau ist fast kahl. Ganz oben und bei den Ohren sprießen vereinzelte Haarbüschel.

Erik und ich schauen in unsere Kaffeetassen.

»Das liegt an der Bestrahlung«, sagt die Frau. »Aber die Behandlung ist jetzt abgeschlossen. Mal sehen, ob sie noch rechtzeitig rauswachsen.«

»Rechtzeitig?«, fragt Erik.

Ihm hat es schon immer an Taktgefühl gefehlt.

»Ich sterbe bald«, sagt die Frau.

Erik räuspert sich. Ich habe einen Bissen Apfelauflauf im Mund und kann ihn nicht runterschlucken.

»Sie brauchen nicht so erschrocken zu schauen«, sagt sie. »Ich habe keine Angst mehr. Das klingt vielleicht komisch, aber im Moment fühle ich mich richtig glücklich.«

Eine Tür fällt ins Schloss. Jemand geht durch die Diele.

Wenig später kommt der Mann herein und stellt den Benzinkanister auf den Tisch. Erst schüttelt er mir die Hand, dann beugt er sich zur Frau hinunter und gibt ihr einen Kuss. Erik stammelt eine Entschuldigung, weil wir nicht bezahlen können.

Der Mann ist stark und groß, bestimmt zwei Meter. Er trägt einen verschmutzten Blaumann. In den Taschen stecken Zollstock und Hammer. Elsa zupft an seinem Hosenbein. Er hebt sie hoch in die Luft. Sie gurgelt und lacht und strampelt mit den Beinen.

Der Mann begleitet uns übers Feld. Ich habe ein Paar Gummistiefel leihen dürfen und trage meine gesäuberten Sandaletten in der Hand.

»Ein schönes Auto haben Sie da«, sagt er, als wir am Ziel sind.

»Es hat so seine Macken«, brummt Erik.

»Ja, aber es ist schön«, sagt der Mann und streicht mit der Hand zärtlich über die Kühlerhaube.

Dann schütteln wir ihm die Hand und bedanken uns. Der Mann steckt seinen Kopf zum Fenster herein und tätschelt Elsa den Kopf, bevor Erik den Zündschlüssel umdreht und anfährt. Wir schweigen. Der Motor brummt, und die Dunkelheit legt sich über die Landschaft.

Als wir unser Ziel erreichen, ist das Festmahl bereits vorüber und die Feier in vollem Gange. Das große Zelt wird von bunten Lampen erhellt. Die Braut führt uns ins Haus, in dem mehrere Tische mit übrig gebliebenem Essen stehen, aber weder Erik noch ich haben Hunger.

»Wie schade, dass ihr die Trauung verpasst habt«, sagt sie mit erhitzten Wangen, »jetzt müsst ihr dafür tüchtig feiern.«

Der Bräutigam, der Staffan heißt, steht im Garten und raucht. Er ist ein Freund von Erik aus Kindertagen.

»Wie fühlt man sich so als Gatte?«, fragt Erik.

»Verdammt gut, wirklich saugut«, antwortet Staffan und drückt seine Zigarette aus.

»Warum habt ihr eigentlich geheiratet?«

Erik hat kein Gespür dafür, was man sagen darf und was nicht.

»Weil wir uns lieben und es allen zeigen wollen.«

»Ist das alles?«, fragt Erik. »Das kann doch nicht alles sein. Lieben kann man sich doch auch so.«

»Ja«, antwortet Staffan gedehnt. »Aber jetzt haben wir gelobt, einander zu lieben, bis dass der Tod uns scheidet. Das ist ein ganz besonderes Gefühl.«

Wir legen Elsa auf ihr Schaffell in einem Zimmer neben der Küche. Sie schläft mit einem Lächeln auf den Lippen. Dann sagt Erik, dass er etwas im Auto holen müsse. Er nimmt mich an der Hand und führt mich durch die Dunkelheit. Ich stolpere über etwas, und Erik fängt mich auf. Wir setzen uns auf die Rückbank. Erik hat zwei kalte Flaschen Bier in der Tasche. Er öffnet sie am Türgriff, sodass es überschäumt, und reicht mir die eine. Plötzlich treibt der Wind die Wolken weg, und der Mond kommt zum Vorschein. Es ist Vollmond, und alles wird in ein seltsames Licht getaucht. Unten im Garten sind Schatten zu sehen. Ein Pärchen steht unter einem Baum und küsst sich.

»Wollen wir den Krieg beenden?«, flüstert Erik.

Ich nicke. Er hebt mein Kleid, streichelt mein Knie und die Innenseite meines Schenkels. Ich küsse seine Nase und dann seinen Mund. Seine Zunge ist groß und warm und gemächlich. Ich knöpfe sein Hemd auf. Er liebkost meinen Busen, und mein Körper wird schwer vor Sehnsucht.

Hinterher zieht Erik zwei Zigaretten aus der Tasche.

Keiner von uns raucht, wir haben schon vor Langem damit aufgehört. Vielleicht schmeckt es deswegen so gut. Wir öffnen das Seitenfenster zum Nachthimmel. Unsere nackten Körper leuchten im Mondlicht.

»Woran denkst du?«, frage ich Erik und streichele sein Ohr.

»Ich denke daran, dass ich dich liebe«, sagt Erik.

Ich lege meine Hand auf seine Brust. Drinnen wohnt sein Herz, ich spüre, wie es schlägt.

LINE BAUGSTØ

Hausfrauenurlaub

Der Bademeister schnipst brennende Streichhölzer in die Büsche hinter sich. Ab und zu zündet er sich eine Zigarette an, aber sie sieht ihn nie lesen oder Musik hören. Das verstieße sicher gegen die Vorschriften. Stattdessen schnipst er brennende Streichhölzer in einen trockenen Busch. Das kann gefährlich werden, denkt sie, das Gebüsch kann Feuer fangen, ein Streichholz kann auf Abwege geraten und eines der Kinder verbrennen, die hier herumlaufen, der Bademeister kann sich selbst und anderen Schaden zufügen. Den ganzen Tag sitzt er da, unter einem rot-weißen Regenschirm mit Coca-Cola-Werbung, lediglich unterbrochen von einer langen Mittagspause um zwölf Uhr. Um sechs packt er seine Sachen und geht, da ist es am Swimmingpool so gut wie leer.

Sie spürt seinen Blick schon am ersten Tag. Sorgfältig drapiert sie das Badelaken auf der Sonnenliege, stellt die Trinkflasche in den Schatten darunter, legt das Buch in Reichweite und den winterbleichen Körper ausgestreckt aufs Badelaken, direkt unter die glühende Sonne. Er ist sicher zehn Jahre jünger als sie. Mindestens. Vielleicht fünfzehn. Sie betrachtet ihn durch die dunkle Brille und fragt sich, ob er wohl Student ist und in den Ferien als Bademeister jobbt oder ob er von dieser Arbeit das ganze Jahr über lebt. Doch selbst hier können die Wintermonate ziemlich kühl werden. Sie fragt sich, ob das Hotel und der Swimmingpool im Januar geöffnet sind, und nimmt sich vor, in der Rezeption nachzufragen. Ab und zu dreht er eine Runde um das Schwimmbecken, es kommt vor, dass er mit einem Kescher Blätter und Abfall aus dem Wasser entfernt. Wenn eines der Kinder zu wild im Wasser spielt, bläst er in die Trillerpfeife an seinem Hals, damit es aufhört. Es ist auch nicht erlaubt, am Beckenrand herumzurennen oder am flachen Ende hineinzuspringen.

Sie ist die einzige Frau, die hier alleine liegt. Alle anderen haben Männer oder Kinder oder beides. Sie hat eine Woche lang nur sich selbst und die Bücher und die Sonne.

Zunächst empfindet sie vor allem Verwunderung über diesen Blick. Sie weiß, dass sie fünf Kilo abnehmen sollte. Mindestens. Vielleicht zehn. Sie hat für diese Saison auch keinen neuen Bikini gekauft und fühlt sich in dem ausgeblichenen Exemplar vom letzten Jahr nicht gerade attraktiv. Er muss einen Waschmaschinengang mitgemacht haben, der ihm nicht bekommen ist. Und dann die weiße Haut, die jedes Mal, wenn sie sie aus der Winterkleidung packt, irgendwie noch schlaffer wirkt. Abends steht sie nackt im Hotelzimmer und dreht sich seitlich zum Spiegel. Sie versucht den Bauch einzuziehen. Ich bin viel zu alt für dich, denkt sie nachsichtig.

Am zweiten Tag beginnt sie seinen Blick zu genießen. Sie sieht immer häufiger vom Buch auf, um zu sehen, ob er in ihre Richtung schaut. Das tut er beinahe jedes Mal. Sie cremt ihre Arme und Beine mit glänzendem Sonnenöl ein, was sie sonst lieber im Hotelzimmer tut, und bleibt am Pool liegen, bis es nach sechs ist und die Sonne nicht mehr so heiß brennt. Am dritten Tag spürt sie schon beim Frühstück, wie es vor Erwartung in ihrem Bauch kribbelt. Am vierten Tag ist er nicht da.

Sie bleibt bis zur Mittagszeit am Becken liegen und beschließt, am Nachmittag einkaufen zu gehen. Sie kann nicht ohne Geschenke für ihren Mann und die Kinder aus dem Urlaub zurückkommen, und es soll viele schöne und preiswerte Dinge auf dem Basar in der Medina geben. Sie erkundigt sich an der Rezeption nach dem Weg, und der Hotelangestellte fragt, ob sie vorhabe, allein zu gehen. Sie sagt: »Ja, natürlich.«

»Das kann gefährlich sein«, meint der Mann in einem beinahe unverständlichen Englisch. »Sie sind alleine Frau.«

Sie lächelt nachsichtig. Es ist schließlich eine Stadt, die vor allem für ihre schönen Strände berühmt ist, und sie wird kaum die einzige Touristin auf dem Basar sein. Sie gibt sich keinerlei Illusionen darüber hin, dort das Echte und Ursprüngliche zu erleben, selbst wenn sie sich in dem Ort befindet, der einst eine der lebendigsten Handelsstädte Nordafrikas war.

Dennoch sticht ihr die Abwesenheit von Frauen in den alten Stadtteilen ins Auge. Sie fällt auf, wie sie es nicht erwartet hat, und bekommt mehr Aufmerksamkeit von den Händlern und deren Kunden, als ihr lieb ist. Bei einem Versuch, in der Masse unterzutauchen, setzt sie sich die Sonnenbrille auf, aber damit sieht sie beinahe gar nichts mehr von den Waren an den Ständen.

»Bonjour.«

Die Stimme ist weich, dicht an ihrem Ohr. Sie dreht sich abrupt um, erschrocken. Da steht der Bademeister, voll bekleidet. Er lächelt nicht, sondern sieht sie ernsthaft an. Sie nimmt die Sonnenbrille ab und schaut kurz in die dunklen Augen.

»Bonjour«, murmelt sie mit belegter Stimme, womit sie

den Großteil ihrer Französischkenntnisse ausgeschöpft hat. Sie hatte geglaubt, sie würde sich an etwas mehr von der Sprache erinnern, in der sie am Gymnasium immerhin eine gute Note gehabt hat, doch schon am ersten Abend hat sie entdeckt, wie viel sie vergessen hat. Vielleicht ist die Sprache vom Spanischen verschluckt worden, das sie mittlerweile recht gut beherrscht. Sie scheitert an den einfachsten Phrasen, und der Bademeister murmelt ein paar Sätze, von denen sie nicht mehr als ein paar Wörter versteht, Wörter, die keinen Sinn ergeben. Sie schickt ihm einen Blick, von dem sie hofft, dass er alles ausdrückt. »Ich verstehe nicht, was du sagst.« Sie sagt es auf Norwegisch, auf Englisch und auf Spanisch, aber er wiederholt das, was offenbar eine Frage ist. Sie hebt die Schultern, lächelt entschuldigend, gestikuliert, und jetzt versteht er anscheinend, dass sie kein Französisch spricht. Er zeigt auf sie und auf sich selbst, und mit den Fingern spaziert er die enge Gasse entlang. Wieder zeigt er auf sie beide und sieht sie fragend an. Er will sie durch den Basar begleiten.

»Si, si. Merci.«

Er lächelt und beginnt ihnen einen Weg durchs Gedränge zu bahnen. Sie kommt jetzt, wo sie eine männliche Begleitung hat, viel leichter voran. Was für ein Glück sie gehabt hat, dass er aufgetaucht ist.

»Italiano?«

»Nein.« Sie schüttelt heftig den Kopf. Norwegerin. Sie ist Norwegerin.

Er sieht sie mit hochgezogenen Augenbrauen an, zeigt auf ihre Haare. Norwegerin? Norwegerin, mit den Haaren? Sie lächelt. Das hat sie schon öfter gehört.

Zusammen mit dem Bademeister fühlt sie sich sicher. Sie

kauft Puppen für die Mädchen, eine Keramikschüssel mit blauem und meergrünem Muster für sich selbst, ein paar Tüten mit Gewürzen für die ganze Familie und eine Tasche aus Kamelleder für ihren Mann. Anschließend trinken sie glühend heißen süßen Tee aus winzigen Gläschen in einem kleinen Café. Sie ist die einzige Frau hier und die einzige westliche, aber alle Männer behandeln sie mit ausgesuchter Höflichkeit. Der Bademeister zeigt auf ihren Ehering, und sie versteht, dass er sie fragt, ob sie verheiratet ist. Sie nickt. »Si. Oui. Verheiratet.«

»Kinder?«

»Ja, zwei.«

Sie erinnert sich nicht mehr an das Wort für Mädchen und sagt schließlich zwei Frauen. Frauen? Herrgott, so alt ist sie doch gar nicht? Sie zeigt mit der Hand, wie groß sie sind. Wirklich keine großen Frauen.

»Sind sie nicht hier?«

»Nein, in Norwegen.«

Sie sieht auf die Straße hinaus, sucht verzweifelt nach den Worten, die sich irgendwo tief in ihr befinden.

»Hausfrauenurlaub«, sagt sie auf Norwegisch, und beide lächeln ein wenig, lachen über die Sprache, die zwischen ihnen fehlt.

»Bist du verheiratet?«

Sie zeigt auf seine ringlosen Finger, aber sie weiß nicht, ob man hier Ringe trägt. Er schüttelt den Kopf. Nein, er ist nicht verheiratet. Er lächelt und senkt den Blick. Sie spürt sein Lächeln tief in der Magengrube und befürchtet zu erröten.

Er begleitet sie zurück zum Hotel. Sie dankt ihm und würde ihm gern die Hand geben, aber sie weiß nicht, ob diese Geste angebracht ist. Sie spürt seinen Blick im Rücken, während sie den schmalen Weg zum Hotel hinaufgeht, und achtet darauf, wie sie sich bewegt, wie sie den einen Fuß vor den anderen setzt, und plötzlich merkt sie, dass sie steif geht, sie stolpert beinahe über eine lose Steinplatte. Als sie sich umdreht, um nach ihm zu sehen, ist er weg. Er hat sie nicht ein einziges Mal berührt.

Am nächsten Tag ist sie früh auf und eine der ersten am Swimmingpool. Er sitzt an seinem Stammplatz, unter dem Sonnenschirm. Sie legt sich direkt gegenüber hin, auf der anderen Seite des Schwimmbeckens. Sie nickt und lächelt ihm hastig zu und freut sich, als er zurücklächelt. Er betrachtet sie, wie er sie schon früher betrachtet hat. Aber sein Blick hat jetzt eine noch stärkere Wirkung. Sie fühlt sich matt unter seinem Blick. Alle ihre Bewegungen sind verlangsamt, alles erhält eine neue Bedeutung. Sie mustert ihre Füße, die frisch lackierten Nägel. Sie hat schon immer hübsche Füße gehabt.

Kurz vor der Mittagspause dreht er eine Runde um den Swimmingpool. Er räumt ein paar Spielsachen weg, die am Beckenrand liegen, wirft ein Eispapier in den Mülleimer. Er bleibt stehen, als er ihre Sonnenliege erreicht hat, hockt sich hin. Sie sieht von dem Buch auf, in dem sie zu lesen vorgibt, und nimmt ihre Sonnenbrille ab. Er sagt etwas auf Französisch, und sie versteht auch jetzt nicht, was. Er zeigt auf sie und dann auf das Wasser. Sie schüttelt den Kopf. Schwimmen hat sie noch nie gemocht. Die Sonne dagegen liebt sie. Die träge Wärme, das angenehme Gefühl am Abend, wenn die Haut brennt und sie durch und durch aufgewärmt ist. Sie will Farbe, Sonnenbräune, die ihr Mut macht, lange Hosen und Wollpullover auszuziehen, die ihre Schritte weicher macht, die Haare länger und den Rücken gerader. Das ist es, weshalb sie gekommen ist.

Wie soll sie ihm das ohne Sprache erklären? Sie zeigt zur Sonne hinauf und lächelt, dann zeigt sie auf sich selbst. Er erwidert das Lächeln nicht. Er betrachtet sie mit schwarzen Augen, und sie sieht schnell weg. Eine Weile herrscht Schweigen zwischen ihnen. Dann streicht er mit seinem Zeigefinger über ihren nackten Bauch und murmelt einige Sätze in einer Sprache, die in jedem Fall nicht Französisch ist, dann muss es wohl Arabisch sein. Sie hält den Atem an. Er steht auf, ohne sie anzusehen, und springt ins Schwimmbecken. Sie sieht ihn ein paar Bahnen kraulen, ehe er auf seiner Seite aus dem Wasser steigt und sich auf den hohen Hocker unter dem Sonnenschirm setzt. Dort sitzt er, bis sie sich erhebt, um zum Mittagessen zu gehen.

Der nächste Tag ist der letzte, ehe sie wieder nach Hause muss. Sie hat eine schöne Farbe bekommen, sie fühlt sich weitaus wohler in dem kleinen Bikini als bei ihrer Ankunft. Sie streckt sich unter seinem Blick und dreht sich auf den Bauch. Sie fragt sich, wie es wohl wäre, ihn zu küssen, und spürt, dass sie mehr gar nicht möchte. Sie fragt sich, ob ihre Lust für alle anderen sichtbar ist, ob es zu sehen ist, dass sie so erregt ist, dass es ihr schwerfällt zu atmen. Sie fragt sich, ob er es sieht.

Am letzten Abend bestellt sie eine große Karaffe Wein zum Essen statt einer kleinen und trinkt sie aus, ehe sie beim Dessert angekommen ist. Sie bestellt noch eine und erkundigt sich, ob es in Ordnung wäre, wenn sie sie mit auf die Terrasse nähme, sie sagt, dass sie den Sternenhimmel Afrikas betrachten wolle, ehe sie nach Hause reise, und lächelt den Kellner so freundlich an, dass er nur nickt. Auf dem Weg nach draußen schnappt sie sich ein zweites Glas von einem der Tische.

Sie denkt sich, dass er da draußen sein muss, dass er auf sie wartet, und sie ist nicht überrascht, als sie ihn sieht. Er sitzt am Schwimmbecken, außerhalb des Scheinwerferlichts. Sie bietet ihm Wein an, aber er schüttelt den Kopf. Sie schenkt sich selbst ein Glas ein. Sie sitzen eine Weile still nebeneinander. Sie betrachtet die Sterne, und ihr wird ein wenig schwindelig. Sie sollte wohl ein bisschen langsamer trinken. Er nimmt ihre Hand, streicht mit seinem Zeigefinger an der Innenseite ihres Arms entlang und aufwärts. Sie schweigt. Sie fragt sich, ob er hören kann, wie stark ihr Herz klopft.

»Kommst du mit?«

Sie versteht, was er sagt, plötzlich ist es ganz einfach. Sie weiß nicht, wohin er sie wohl mitnehmen möchte, aber sie nickt und erhebt sich schwankend. Er geht voran durch den Garten des Hotels, an den schmucken Blumenbeeten entlang und über den gepflegten Rasen. In einer Ecke steht ein Schuppen, den sie bisher nicht bemerkt hat. Die Tür ist mit einem großen Hängeschloss versehen. Er hat einen Schlüssel. Er entfernt das Hängeschloss und öffnet die Tür. Sie geht in den schwarzen Raum hinein. Er schließt die Tür, ehe er ein Streichholz anzündet. Er findet eine Kerze auf dem Boden direkt an der Tür und zündet sie an. Sie registriert, dass er keinen Moment zögert, er ist schon öfter hier gewesen und weiß, wo sie steht. Ihre Augen gewöhnen sich rasch an das sparsame Licht. Sie schaut sich um. Es ist ein Geräteschuppen. Sie sieht einen Rasenmäher, eine Schubkarre, mehrere Spaten und Rechen. Es ist der Schuppen des Gärtners. Aber in einer Ecke sieht sie auch eine Matratze. Er zieht sie mit sich dorthin, zieht sie hinunter. Sie spürt seine Arme um ihren Körper, seinen Mund an ihrem. Er küsst sie und versucht dabei sein Hemd auszuziehen. Sie merkt plötzlich, dass die

Matratze nach Schimmel riecht. Und dann fragt sie sich, wie viele Frauen schon in diesen Schuppen gezogen worden sind – von ihm, aber vielleicht auch vom Gärtner, vom Kellner, vom Mann an der Rezeption. Da geht gerade etwas schief. Da geht etwas gründlich schief.

Sie schiebt ihn beiseite. Er sieht sie verwirrt an.

»Nein«, sagt sie. »Ich kann nicht. Tut mir leid.«

Sie sieht die Verwirrung in seinen Augen. Aber auch etwas anderes. Er ist gekränkt. Er tut ihr leid, sie nimmt seine Hand. Will ihm erklären, dass sie ihn nicht hereinlegen wollte. Sie hat es sich ganz einfach anders überlegt. Aber ihr fehlen die Worte. Sie hat hier unten die Sprache verloren und fühlt sich hilflos.

Da steht er auf und vergräbt eine Hand tief in seiner Hosentasche. Er zieht ein Bündel Geldscheine hervor und reicht es ihr.

Sie ist so verblüfft, dass sie zu lachen beginnt. Sie erhebt sich, um zu gehen, aber er versperrt ihr den Weg. Er packt sie am Arm und sieht sie an. Dennoch fühlt sie sich nicht bedroht. Seine Augen blicken sie flehend an, und sie verspürt einen Rest der Lust, die vor ein paar Minuten noch da war. Vielleicht tut sie es deshalb. Sie zieht ihn auf die Matratze hinunter, kniet sich vor ihm hin, öffnet seinen Hosenschlitz, schiebt die Unterhose hinunter und holt seinen Schwanz hervor. Dann nimmt sie ihn in den Mund. Er schmeckt streng nach Schweiß, sie versammelt so viel Speichel wie möglich im Mund, um nicht den bitteren Geschmack empfinden zu müssen. Es dauert nicht länger als eine Minute, bis er kommt, und es gelingt ihr, ihn aus dem Mund zu nehmen, ehe er losspritzt. Sie hat noch nie den Geschmack von Sperma gemocht.

Hinterher will er das Gleiche bei ihr machen. Sie erlaubt es ihm nicht. Er versteht es nicht, und sie versteht es nicht einmal selbst. Sie betrachtet ihn eine Weile, ehe sie ihm übers Gesicht streicht und geht.

»Du bist schön«, sagt sie auf Norwegisch.

Am nächsten Tag packt sie gleich nach dem Frühstück ihren Koffer. Sie hat gerne ausreichend Zeit. Sie lässt ein wenig Geld für die Zimmermädchen liegen, zahlt an der Rezeption für die Minibar und die Telefongespräche nach Hause und sieht sich im kleinen Laden des Hotels um, ob es etwas gibt, worauf sie Lust hat. Sie muss das Geld aufbrauchen, denn es hat keinen Sinn, die Landeswährung mit nach Hause zu nehmen. Das Geld lässt sich nicht zurücktauschen, und am Flughafen nehmen sie nur westliche Währungen. Sie kauft einen Schal, hat aber noch immer mehrere Scheine übrig. Der Bus, der sie zum Flughafen bringen soll, fährt vor dem Eingang vor. Der Busfahrer beginnt die Koffer einzuladen. Sie steht da mit dem Geld in der Hand und weiß nicht, was sie tun soll.

Ehe sie es sich anders überlegen kann, läuft sie durch den Speisesaal hinaus zum Swimmingpool. Dort sitzt er unter dem Sonnenschirm. Er schnipst brennende Streichhölzer in den verbrannten Busch hinter sich. Er sieht sie kommen und hält einen Moment inne. Sie reicht ihm das Geld.

»Ich kann es nicht mit nach Hause nehmen. Es ist wertlos«, sagt sie auf Englisch.

Er schüttelt den Kopf. Sie weiß nicht, ob es daran liegt, dass er sie nicht versteht oder weil er das Geld nicht will. Ihr Bus wird gleich abfahren. Sie drückt ihm das Geld in die Hand.

»Nimm es einfach«, sagt sie auf Norwegisch. »Bitte.«

Mehrere der Gäste am Swimmingpool starren sie an. Sie kümmert sich nicht darum, was sie wohl denken, aber sie sieht seinen Blick. Dann dreht sie sich um und geht. Der Bus hupt.

THEODOR KALLIFATIDES

Die Seidenstraße

Der Flug hatte Verspätung. Es war schon zehn nach fünf, als die zweimotorige Boeing der Finnair krachend am Flughafen von Helsinki aufsetzte.

Ich hatte es eilig. Meinen Vortrag sollte ich bereits um sieben Uhr halten. Das Wetter war schlecht. Die Schlangen vor den Passkontrollen lang. Ich fluchte leise. Ich war müde. Meine zweiunddreißig Jahre fühlten sich an wie dreimal so viele.

Was zum Teufel hatte ich hier eigentlich zu suchen? Nur weil ich ein einigermaßen anständiges Buch geschrieben hatte, musste ich doch nicht herumrennen und den Propheten spielen.

Die Frau, die meinen Pass kontrollierte, lächelte freundlich.

»Willkommen in Helsinki, Herr Leander. Ich mag Ihr Buch sehr!«

Sofort verbesserte sich meine Laune, und ich fragte indiskret: »Kommen Sie heute Abend zu meinem Vortrag?«

Sie sah mich an, ohne zu antworten, und ich konnte meine Frage nicht gut wiederholen, weil sich hinter mir massenhaft ungeduldige Menschen drängelten.

Warum sind in den am spärlichsten bevölkerten Ländern die Schlangen immer am längsten?, fragte ich mich und setzte meinen Weg in die glänzende, nach Putzmittel riechende Wartehalle fort.

Ich hatte es gerade geschafft, mir eine Zigarette anzuzünden, als sich ein älterer Mann mit düsterer Miene vor mir aufbaute.

»Herzlich willkommen!«, sagte er.

Ich erwiderte nichts. Er griff nach meiner Reisetasche.

»Hier entlang!«

Wir kamen in das schlechte Wetter hinaus. Früher einmal hatte ich einen Freund gehabt, der mich abgeholt hatte, wenn ich nach Helsinki kam. Mein Freund war tot. Seit seinem Tod hatte ich die Stadt nicht mehr besucht. Ich dachte an ihn, als mein düsterer Begleiter sagte: »Leider spreche ich nicht so gut Schwedisch.«

Ich meinte, dass das heutzutage keine Seltenheit sei. Aber ich bereute es sogleich. Ein unnötiger Witz, aber meine Nerven lagen blank. Die Trennung von Hariet war nicht einfach gewesen. Nicht nur, dass sie mit meinem besten Freund ins Bett gegangen war, nun wollte sie ihn auch noch heiraten.

Glücklicherweise hatten wir keine Kinder, aber ich war nicht zuletzt in erotischer Hinsicht an sie gebunden. Die Scheidung war schon seit einem halben Jahr durch, und mein Anwalt hatte gesagt, ich sei frei wie ein Vogel, aber dennoch fühlte ich mich wie in einen Käfig gesperrt.

Ich hatte niemand Neues kennengelernt und bezweifelte auch, dass ich das in der nächsten Zeit tun würde. Meine Wunden bluteten ganz einfach noch. Die Nächte brachte ich damit zu, an sie zu denken, ich flüsterte ihren Namen, ich weinte und heulte, und eines Abends schlug ich mich selbst mit einem schweren Ledergürtel, und erstaunlicherweise war das eine Erleichterung.

Natürlich vermochte ich auch nicht zu arbeiten. Deshalb nahm ich alle Gelegenheiten, der Einsamkeit meines Arbeitszimmers zu entfliehen, dankbar an. Dort in meinem Büro hatte mich Hariet gern überrascht, sie tat dann so, als würde sie sich nach mir sehnen, doch es geschah aus reiner und glatter Eifersucht. Wie alle untreuen Menschen war sie sehr eifersüchtig. Also kam sie von Zeit zu Zeit und machte sich in der kleinen Küche zu schaffen, kontrollierte Gläser und Teller und schaute in den Mülleimer.

Wie gesagt, sie war eifersüchtig, aber sie hatte keinen Grund dazu, denn niemand konnte sie ersetzen. Wir schliefen vor dem Kachelofen auf dem Fußboden des Arbeitszimmers miteinander, und dann schliefen wir wieder miteinander, als wir zu Hause waren. Ich hatte schlichtweg keine Energie übrig.

Aber all das war Vergangenheit. Das Arbeitszimmer war leer und langweilig geworden. Ich floh. Diesmal zur Akademischen Buchhandlung von Helsinki, um über mein jüngstes Buch zu sprechen und eine hoffentlich große Anzahl von Exemplaren desselben zu signieren.

Das Auto war ein schwarzer Mercedes. Der düstere Mann führte mich hin. Das Auto war nicht leer. Neben mir auf dem Rücksitz saß eine sehr elegante Frau in den Vierzigern, die mich sehr freundlich, aber bedächtig begrüßte. Ihren Namen vergaß ich auf der Stelle wieder, denn ich musste die ganze Zeit auf ihre Kniescheiben schauen. Ich wollte sie streicheln. Sie trug ein zweiteiliges Kleid mit dünnen grünen Streifen. Der Rock war nicht lang, und die Beine waren auf diese perfekte Weise übergeschlagen, wie es nur Frauen verstehen. Eng geschlossen, aber einladend.

Das Wetter war, wie gesagt, schlecht. Der Verkehr lief zäh.

Der düstere Mann lenkte seinen Mercedes, als handele es sich um einen russischen Panzerwagen vom Typ T-34. Ich sank tiefer in den Sitz. Die Frau schlug ihre Beine in die andere Richtung über. Ich fragte mich, was denn wohl geschehen würde, wenn ich plötzlich meinen Kopf in ihren Schoß legte.

Doch ich tat es nicht. Dann waren wir am Hotel angekommen. Es war beunruhigend groß. Aber das Zimmer war gut. Ganz oben, mit Seeblick. Ich sah Kräne und Schiffe.

Man ließ mich allein. In einer Stunde würde man mich wieder abholen. Eigentlich hatte ich ein Bad nehmen wollen, begnügte mich aber mit einer langen Dusche. Dann packte ich die kleine Whiskeyflasche vom Hinflug aus.

Ich hatte vor, mich ans Fenster zu setzen und die Dämmerung über dem Wasser und die alte Sveaborg zu betrachten, die darin versank wie ein großes Segelschiff.

Doch es kam anders.

Ich hatte gerade das Licht im Raum ausgeschaltet, als ich beschloss, eine schwere Gardine an der Breitseite des Zimmers aufzuziehen. Das hätte ich besser nicht getan. Denn auf der anderen Seite der Straße war ein großes, helles Zimmer zu sehen, das voller junger Frauen war und außer einem Klavier keine Möbel enthielt.

Es handelte sich wohl um eine Art Ballettstunde. Der Lehrer war ein schlaksiger schwarzer Mann, und ich beneidete ihn. Doch wahrscheinlich hatte er in seinem Leben als Tänzer so viele Frauen gesehen, dass er eher mich mit meinem Whiskey beneidete.

Ich rückte den Sessel näher ans Fenster. Dann setzte ich mich und vergaß das Meer und die Dämmerung. Die Frauen waren sehr phantasievoll gekleidet. Ich betrachtete sie genau, Tänzerinnen waren sie nicht, eher Amateure, die sich mit einem gewissen Ehrgeiz bewegten.

Nach einer Weile blieb mein Blick an einer der Frauen hängen, und zwar ganz einfach, weil sie der Länge nach auf den Boden fiel. Alle lachten. Ich auch. Sie lachte ebenfalls. Seltsamerweise blieb sie auf dem Fußboden sitzen und starrte geradewegs in meine Richtung, als wüsste sie, dass ich dort in der Dunkelheit saß. Ich würde gern behaupten, dass unsere Blicke sich trafen, aber ich weiß, dass das nicht wahr ist.

Das Telefon klingelte. Die Rezeption. Man war gekommen, um mich abzuholen.

Eine Stunde später stand ich vor einem lächelnden, aber schweigenden Publikum. Ich dankte ihnen für ihre Aufmerksamkeit und erhielt einigen Applaus, der mir das Herz wärmte. Dann konnte signiert werden.

Es gab keinen besonderen Ansturm. Ich sehnte mich nach Hariet. Sie hatte eine unglaubliche Fähigkeit, mich für andere Frauen interessant zu machen. Sowie sie dabei war, wurde ich fast gejagt.

Aber sie war nicht dabei. Wahrscheinlich würde sie nie wieder dabei sein. Und plötzlich stand sie da. Nein, nicht Hariet, sondern die junge Frau aus der Tanzklasse. Ich erkannte sie sofort wieder, obwohl sie andere Kleider und auch eine andere Frisur trug.

Während ich ihre neue Erscheinung registrierte, versuchte ich, mir etwas Lustiges oder Ungewöhnliches auszudenken, was ich sagen könnte. Ein halb langes, weich fallendes Kleid in Weiß, typisch Marimekko. Die Haare trug sie offen, hellblond mit roten Strähnen. Die Augen waren goldgrün.

Mir fiel nichts Lustiges ein.

Dann sagte sie: »Wären Sie wohl so freundlich, ein paar Bücher für mich zu signieren?«

Ihr Schwedisch war sehr korrekt, es klang ein wenig nach Oberschicht.

»Ein paar Bücher?«, fragte ich.

»Ja, ich habe einige Exemplare als Geschenke gekauft.«

»Warum ausgerechnet mein Buch?«, fragte ich ein wenig zu forsch.

Sie antwortete nicht gleich, sondern sah mich fast ein wenig abwesend an. Dann sagte sie schlicht: »Meine Freunde mögen Ihre Bücher.«

»Und du nicht?«

Ich merkte sofort, dass mein Duzen nicht gerade wohlwollend aufgenommen wurde.

»Ich habe da so meine Kritikpunkte«, erwiderte sie kurz angebunden.

Hinter ihr drängelten sich ein paar ungeduldige Damen mit Einkaufstüten und meinem Buch im Anschlag. Ich wagte einen plumpen Vorstoß.

»Würden Sie hinterher mit mir eine Tasse Kaffee trinken? Ich würde mich freuen, Ihre Kritikpunkte hören zu dürfen.«

Meine Rückkehr zum Sie gefiel ihr. Sie dachte einen Augenblick lang nach. Antwortete nicht. Aber sie zog sich zurück und fing an, durch die langen Regalreihen zu wandern. Ich signierte weiter und warf ihr derweil hin und wieder einen Blick zu. Manchmal sah ich ihren Kopf, manchmal ihren Rücken, manchmal ihre Beine.

Dann steuerte sie auf den Ausgang zu. Ich erschrak, konnte aber nichts tun. Ohne sich noch einmal umzudrehen, schritt sie durch die Tür.

»Blöde Kuh!«, murmelte ich vor mich hin.

»Wie bitte?«, fragte die Dame vor mir mit aufgerissenen Augen. Ich verhedderte mich in einer dummen Ausrede. Ich weiß nicht, ob die Dame mir glaubte.

Die Schlange nahm ein Ende. Ich hatte meine Schuldigkeit getan. Da erschien wieder der düstere Finne und fragte, ob ich zum Hotel gebracht werden wolle. Gleichzeitig kam die Buchhändlerin, die elegante Frau, die mich vom Flughafen abgeholt hatte, und sagte, dass sie mich gern zu sich nach Hause zum Abendessen einladen würde. Nichts Besonderes, nur ein paar enge Freunde. Aber sie wolle sich nicht aufdrängen, wenn ich andere Pläne für den Abend hätte, dann wäre das absolut in Ordnung.

»Ich habe keine Lust, allein zu sein!«, gab ich ein wenig mürrisch zurück.

»Wie schön! Erkki wird Sie im Hotel abholen. So gegen halb neun Uhr... Würde Ihnen das passen?«

»Das wäre wunderbar«, erwiderte ich.

»Soll ich Sie zum Hotel fahren?«, fragte Erkki.

»Nein, danke. Ein Spaziergang wird mir guttun.«

Als ich herauskam, war das Wetter besser geworden. Es hatte aufgehört zu regnen, und die Wolken hatten sich verzogen. Der Himmel über Helsinki war voller Sterne. Ich konnte den unglücklichen Großen Bären sehen. Einst eine verliebte Nymphe, musste er jetzt, von einem barmherzigen Gott in einen Stern verwandelt, am Firmament hängen und anderen Verliebten leuchten und war dabei selbst keiner mehr von ihnen.

In den Straßen waren viele Leute unterwegs. Das Kaufhaus Stockmann, das größte und schickste von Helsinki, hatte gerade seine Tore geschlossen. Ich blieb vor einem Schaufenster stehen und sah zwei jungen Mädchen zu, die zwei weibliche Schaufensterpuppen neu einkleideten. Einen kurzen Moment lang flimmerte mir das Bild vom Körper des Ballettmädchens durch den Kopf.

Ich bog in die Alexandergatan ab, wo es einige Boutiquen gab, die zu vornehm waren, um Preisschilder an ihren Waren zu haben. Hier, bei Palmroth, hatte ich Hariet einmal ein Paar hochhackige Stiefel gekauft. Sie hatte sie die ganze Nacht lang anbehalten.

Ich musste die Erinnerungen abschütteln. Ich brauchte einen Drink. Schnell lief ich weiter. Die Menschen wurden seltener. Hin und wieder hörte ich schnelle Schritte hinter mir, aber jedes Mal, wenn ich mich umdrehte, war da niemand zu sehen.

Langsam werde ich verrückt, dachte ich bei mir. Ich lief zum Hotel, vorbei an dem schicken Portier und direkt zur Bar, wo ich hinter mir eine Stimme vernahm.

»Können wir statt des Kaffees vielleicht ein Glas Wein trinken?«

Da stand sie, das Ballettmädchen. Sie hatte sich wieder umgezogen. Diesmal trug sie mehr den jungenhaften Stil. Einen breiten Rock, ein Samtjackett. Die Bluse war weit geöffnet.

Ich freute mich viel zu sehr, um ihr Vorhaltungen zu machen. Ich stürzte auf sie zu und machte etwas, was ich seit Jahrzehnten nicht getan hatte. Ich nahm ihre beiden Hände und küsste sie. Sie dufteten schwach. Sie lachte. Die jungen Mädchen in der Rezeption kicherten mehr oder weniger diskret.

Das Taxi entließ uns am Beginn einer schmaler werdenden Allee, die von hohen Pappeln gesäumt war. Ganz am Ende konnten wir aus mehreren großen Fenstern Licht strömen sehen.

Wieso sind eigentlich die meisten Schriftsteller arm, während die meisten Buchhändler reich sind?, dachte ich, sagte aber nichts. Stattdessen gab ich Anja ein Bündel Zehnmarkscheine. Sie bezahlte das Taxi und sprach mit dem Fahrer in ihrer gemeinsamen melancholischen, aber unbegreiflichen Sprache.

Ich bemerkte, dass der Taxifahrer, ein junger Mann mit klugem Blick, überlegte, ob er mich niederschlagen und sie entführen sollte, aber er nahm Abstand von diesem Vorhaben.

Es hatte sich alles schnell gefügt. Ich hatte die Buchhändlerin angerufen und gefragt, ob ich eine Freundin mitbringen dürfe. Gern, kein Problem. Anja, so hieß das Ballettmädchen, nahm die Einladung sofort und ohne sich zu zieren an.

»Außerdem kenne ich die Leute!«, bemerkte sie.

Es dauerte nicht lange, bis ich begriff, dass sie jeden kannte. Von ihrer Familie sprach sie nicht gern, sagte aber dennoch eine Menge. Doch ich gebe mich nicht so schnell geschlagen. Wenn ich angefangen habe zu fragen, dann frage ich so lange, bis ich eine Antwort bekomme.

Als ich Hariet kennenlernte, war es genauso gewesen. Hinterher hatte sie gesagt: »Männer, die viel fragen, pflegen gute Liebhaber zu sein!«

Ich hoffte, dass Anja diese Erfahrung auch schon gemacht hatte. Deshalb fragte ich. Ihr Vater sei »irgendein hohes Tier«, sagte sie, und ihre Mutter »irgendeine Adelige«. Doch bei näherem Hinschauen erwies es sich, dass ihr Vater etwas war, das völlig aus meinem Erfahrungshorizont herausfiel. Er war Bankier. Ihre Großmutter mütterlicherseits war eine echte russische Fürstin, die kein einziges finnisches Wort gelernt hatte, und das, obwohl sie seit fast sechzig Jahren in Finnland wohnte.

Anjas Großmutter lebte noch, und Anja liebte sie über alles.

»Ich habe ihr versprochen, dass wir sie besuchen werden!«

»Wieso denn das?«

»Sie liebt Dichter!«

Doch von sich selbst hatte sie nichts erzählt. Sie weigerte sich ganz einfach.

»Vielleicht, wenn ich dich etwas besser kenne …«, wehrte sie meine eindringlichen Fragen ab.

»Aber wie soll ich dich dann kennenlernen?«, fragte ich.

Darauf antwortete sie nicht gleich. Plötzlich nahm sie meine Hand zwischen ihre Hände und sagte sanft: »Da gibt es andere Wege!«

Und dann biss sie mich in den kleinen Finger. Ich lachte. Aber sie lachte nicht.

Die Buchhändlerin hatte, wie angekündigt, ein paar wenige Freunde versammelt. Es ist immer sehr verlockend, kurze Porträts von Menschen zu skizzieren, doch diesmal werde ich davon Abstand nehmen. Wenn ich mich einer Sache rühmen möchte, dann, dass ich im Grunde meines Herzens begriffen habe, dass die Menschen Rätsel sind, und Rätsel lassen sich nicht beschreiben.

Es stellte sich heraus, dass Anja sie alle kannte und dass alle Anja kannten. Hin und wieder zog ich mich etwas zurück und beobachtete sie. Sie war wie ein Schmetterling auf seinem ersten Flug. Sie verströmte eine Leichtigkeit und auch ein gewisses Zögern, eine gewisse Wachsamkeit. Ihre Bewegungen waren nie übertrieben, sie blieb nicht besonders lange bei einem, flirtete nicht, war aber auch nicht abweisend. Ihr Glas hielt sie, wie man eine Rose zu halten pflegt. Ich betrachtete eingehend ihre Finger, die lang und schlank waren, und ich wollte sie auf mir spüren. Ich musste die Augen schließen.

»Ich hoffe, Sie suchen sich Ihre Themen mit derselben Sorgfalt aus wie Ihre Mädchenbekanntschaften!«, sagte die Buchhändlerin. Ich wusste, dass sie mein jüngstes Buch nicht sonderlich mochte, es war ihr in der Sprache viel zu freizügig.

»Nicht ich suche meine Themen aus. Sie suchen mich aus!«, antwortete ich würdevoll.

»Das machen die Mädchen auch!«, gab die Buchhändlerin zurück.

Ich antwortete nicht, aber als Anja das nächste Mal an mir vorüberflog, fragte ich sie direkt.

»Hast du mich ausgesucht?«

»Aber sicher!«, lachte sie. Dann ging sie weiter zu einer Gruppe Männer, die über ein Schachbrett gebeugt dastanden und eine Stellung diskutierten. Anja mischte sich sogleich in das Gespräch ein.

Doch alle Prüfungen haben ein Ende, und so auch dieses Abendessen, das, um die Wahrheit zu sagen, gar keine Prüfung war. Ich hatte es nur eilig, mit Anja allein sein zu können. Ich hätte ein Taxi bestellt, aber sie wollte spazieren gehen, »ein wenig umherschlendern«, wie sie es nannte.

»Der Sommer wird bald vorbei sein, und die Nacht ist schön«, sagte sie.

Die Nacht war gewiss schön, aber auch sehr kühl. Erst gingen wir durch einen Park, dann kamen wir auf einen Hügel, und oben auf der Kuppe blieb Anja plötzlich stehen.

Sie zeigte auf eine kleine, etwas weiter entfernte Insel, auf der immer noch viele Lichter leuchteten.

»Da holten sich alle unsere besseren Schriftsteller früher die Gonorrhöe«, erklärte sie mir.

»Ach ja, und was bekommt man heute dort?«, fragte ich, erhielt aber keine Antwort.

Das Einzige, was ich bekam, war Anjas Hand auf meinem Nacken. Sie sah mich mit großen Augen an. Ich küsste sie. Erst zögernd, doch dann wie wild. Außerdem fror ich. Sie ließ ihre Hand herabgleiten und streichelte mein Glied durch die Hose. Doch als ich den gleichen Angriff auf sie starten wollte, entzog sie sich.

»Warst du mal in Indien?«

»Ich habe im Kamasutra geblättert«, murmelte ich.

»Dann hast du im falschen Buch geblättert«, erwiderte sie.

Ich hatte keine Lust auf eine Diskussion über Indien. Ich fror und sehnte mich nach ihrer Wärme, mehr war es nicht. Oder war ich dabei, mich zu verlieben?

»Jetzt gehen wir nach Hause zu Großmutter«, verkündete Anja plötzlich.

»Aber es ist zwei Uhr nachts!«

»Es ist dreihundertfünfundsechzig Tage im Jahr zwei Uhr nachts. Was spielt das für eine Rolle?«, wandte sie ein.

»Da ist was dran …«, gab ich zu.

Sie nahm meine Hand, und wir gingen weiter. Das nächtliche Helsinki war dabei, in sich selbst zu verschwinden, ein Licht nach dem anderen wurde ausgemacht. Manchmal spürte ich, dass Anja meine Hand ein wenig fester griff, und hin und wieder blies der Wind mir ihr Parfüm entgegen.

»Warum drückst du die ganze Zeit meine Hand?«, fragte ich schließlich.

»Ich muss pinkeln!«, antwortete sie fröhlich.

»Mensch, dann geh doch pinkeln!«

»Nein!«, sagte sie entschieden.

»Warum nicht? Verstößt das gegen deine Prinzipien?«

»Ganz genau!«

Ich sagte nichts mehr, sondern begnügte mich damit, tröstend ihre Hand zu drücken. Ich musste daran denken, dass ich ihre Hände auf mir spüren wollte. Ich schloss die Augen.

»Woran denkst du?«, fragte sie.

»An deine Hände!«

»Die sind eklig«, antwortete sie ehrlich.

Sie zog ihre Hand zurück und fing an zu laufen. Ich blieb zurück. Ich genoss es, ihr zuzusehen.

Schon der Treppenaufgang war eindrucksvoll. Breit und schwer, aber gleichzeitig von einer gewissen Leichtigkeit. An den Wänden Gemälde, die Kriegs- und Liebesszenen darstellten. Mir kam es so vor, als sei ich in einem Museum gelandet.

»Komm!«, forderte Anja mich auf.

»Nach dir …«

»Doch niemals auf einer Treppe! Ein Gentleman geht auf einer Treppe immer voraus.«

»Ich bin kein Gentleman«, sagte ich verärgert.

»Schade eigentlich.«

»Wie schade?«, knurrte ich und fasste sie um die Taille, zog sie an mich und küsste sie auf die kleine Grube im Nacken.

Sie entzog sich nicht. Sie kam eher noch näher. Dann wandte sie sich mir zu und sah mich an. Ich küsste sie wieder, diesmal auf den Mund. Sie beantwortete meinen Kuss, zog sich dann aber so schnell zurück, dass ich das Gleichgewicht verlor und wegrutschte. Sie lachte. Ich lachte nicht.

Dann fing sie an, die Treppe hinaufzusteigen. Ich blieb stehen und sah ihr nach. Ihre Hüften bewegten sich leicht, der geschmeidige Rücken hielt den Kopf aufrecht. Eine schrecklich große Welle der Lust wogte durch meinen Körper. Ich musste mir mit beiden Händen zwischen die Beine greifen und hart und lange festhalten.

Nach einer Weile war ich wieder ruhig genug, um ihr folgen zu können. Als ich auf dem nächsten Treppenabsatz ankam, war sie nicht mehr zu sehen. Weiter hinauf konnte sie nicht gegangen sein, denn dann hätte ich die Schritte gehört. Sie war durch eine der vier schweren Eichentüren verschwunden, die von hier abgingen.

Aber durch welche Tür? Ich las die Namensschilder, kannte aber keinen Namen, der ein Anhaltspunkt gewesen wäre, denn ihren Familiennamen hatte sie tatsächlich nie erwähnt. Ich wusste lediglich, dass die Großmutter Russin war, doch konnte ich keinen russischen Namen entdecken.

Was sollte ich jetzt tun? Schließlich konnte man nicht um drei Uhr nachts bei wildfremden Menschen klingeln. Ich setzte mich hin, um nachzudenken, und erkannte, wie lächerlich das alles war.

Da hatte ich eine ganze Nacht an ein verwöhntes Gör der Oberschicht verschwendet! Ich erinnerte mich an die Tanzabende bei Scania – damals war alles so einfach gewesen. Würde ich mich denn niemals von meinen Wurzeln losmachen können, die in den Außenbezirken von Södertälje lagen, wo es überbackenen Blumenkohl zum Abendessen gab?

Sind alle Männer gleich? Hariet behauptete das immer. Vielleicht waren wir alle gleich mit ihr, denn sie zwang uns dazu. Zum Glück kann sie mich jetzt nicht sehen, dachte ich. Da würde sie eine Woche lang lachen!

Ich rauchte eine Zigarette. Als ich die Asche abstreifen musste, gab es keinen Ort, wo ich das gut hätte tun können. Ich wurde wütend, warf die Zigarette auf den blankgeputzten Boden und zerrieb sie mit dem Schuh.

Dann bekam ich ein schlechtes Gewissen. Ich beugte mich herab und versuchte, die Asche und die Tabakkrümel aufzulesen. Und in genau dieser lächerlichen Stellung hörte ich, wie sich eine der Türen vorsichtig öffnete.

Da stand Anja. Sie hatte schon wieder die Kleidung gewechselt. Jetzt trug sie einen einfachen Baumwollpullover und nicht mehr. Er war sehr lang und endete oberhalb der Knie.

Sie sagte kein Wort. Ich sagte auch nichts. Ich erhob mich nicht, sondern kroch auf allen vieren zu ihr hin, packte sie um die Oberschenkel und legte meinen Kopf in ihren Schoß. Dann schloss ich die Augen und atmete ihr Parfüm ein.

Sie strich mir über das Haar, den Nacken. Ich ließ meine Hände herabgleiten, hob den Pullover und küsste sie auf die Seidenstraße, die Innenseite der Schenkel. Doch als ich den Versuch unternahm, die minikleine schwarze Unterhose herunterzuziehen, entzog sie sich und sagte mit leiser Stimme: »Komm!«

Das Wohnzimmer war riesig. Kaum zu glauben, dass es so etwas überhaupt gab. Es war mit schweren, schönen, wenn auch übermäßig verzierten Möbeln eingerichtet. An den

Wänden hingen Porträts von ernsten Männern und Frauen. Mitten im Raum thronte auf einem großen schwarzen Tisch ein Samowar.

Ich sah zunächst den Samowar und dann erst die alte, sehr alte Frau, die fast versteckt in einem tiefen Sessel saß. Durch die bleigefassten Fenster fiel ein sanftes Licht.

»Bist du es, Fedja?«, fragte die alte Frau mit sehr würdevoller, aber auch sehr brüchiger Stimme.

Ich kapierte gar nichts. Ich sah zu Anja hinüber, und sie nickte.

»Ja«, sagte ich. »Ich bin es, Fedja.«

»Komm und umarme mich, mein Kleiner!«, sagte die alte Frau.

Ich sah wieder zu Anja, und sie nickte erneut. Ich ging auf die alte Frau zu. Ich sah, dass sie blind war, ihr Blick war klar, aber nicht sehend.

Ich gab ihr einen leichten Kuss auf die eingesunkenen Wangen. Sie duftete nach Lavendel und Tee. Ich wollte mich gerade zurückziehen, da sagte sie: »Du bist ein großer Junge geworden, mein Fedja.«

Ich wusste nicht, was ich sagen oder tun sollte. Anja schaltete sich ein.

»Ich glaube, Großmutter ist jetzt ein wenig müde.«

»Ja ja. Großmutter ist immer müde«, stimmte die alte Dame freundlich ein.

Anja ging zu ihr und half ihr, aufzustehen. Dann spazierten die beiden vorsichtig und würdevoll hinaus.

Wo war ich bloß gelandet? Die alte Frau musste verwirrt sein. Wie viele Jahre des Wartens hatten ihr Hirn wohl schon verdunkelt? Das würde ich gleich herausbekommen. Doch Anja ließ auf sich warten.

Ich suchte nach dem Badezimmer. Es war ein wenig versteckt, doch ich fand es. In der Badewanne ein großer Kaktus. Ich lächelte. Von weiter drinnen in der Wohnung hörte ich die Stimmen der Frauen. Ich wurde von einem phantastischen, ja, phantastischen Glücksgefühl ergriffen, das ich mir nicht erklären konnte.

Als ich herauskam, war Anja immer noch verschwunden. Ich setzte mich in einen Sessel und wollte mir gerade eine Zigarette anzünden, als sie mir weggenommen wurde. Ich brauchte mich nicht umzusehen, um zu wissen, wer das war.

»Spielst du diese Komödie öfter?«, fragte ich.

»Welche Komödie?«, fragte sie zurück. Sie griff mir ins Haar, zog meinen Kopf zurück und küsste mich auf den Hals und biss mich dabei.

Es tat aber nicht sonderlich weh.

Hingegen verpasste ich die Morgenmaschine nach Hause.

Es begann mit der unschuldigen Frage, ob ich ein Bad nehmen wolle. Das wollte ich, und ich durfte den Kaktus aus der Badewanne heben. Was ein Kaktus in der Badewanne sollte, blieb ein Rätsel.

Anja mischte einen Algenextrakt in das Wasser, der nach Meer roch und dem Wasser eine schöne bläuliche Farbe verlieh. Ich machte einen Versuch, mein Jackett auszuziehen, als sie mit etwas angespannter Stimme sagte: »Nein! Das werde ich tun!«

Sie zog mich aus, Stück um Stück, als wäre ich ein kleines Kind. Sie hatte es nicht eilig, und ich durfte nicht helfen. Am Ende stand ich nur mit meinem Schlips vor ihr, als sie plötzlich Lust auf eine Zigarette hatte. Sie zündete sich eine lange, schwarze More an und rauchte genüsslich.

Ich wartete.

Dann zog sie mir auch das letzte Kleidungsstück aus, sehr vorsichtig und ohne mich zu berühren. Doch plötzlich zog sie den Nagel ihres kleinen Fingers über meinen Schenkel und lachte.

»Warum lachst du?«, fragte ich, bekam aber keine Antwort.

Ich stieg in das bläuliche Wasser. Mein Körper schmerzte, und ich genoss es, in die Hitze einzusinken.

Anja saß am Rand und betrachtete mich, ohne etwas zu sagen. Ihre Augen glänzten mit einem seltsamen Ausdruck, und ich fühlte mich plötzlich schlecht, als sie mich fragte, ob sie mir die Haare waschen dürfe.

Wieder sagte ich Ja, war aber etwas verwundert über den Kampf, den sie offenbar mit sich selbst ausfocht. Irgend etwas quälte sie, aber ich wusste nicht, was das war. Doch vergaß ich alles, als ihre Finger begannen, meinen Kopf mit ruhigen kreisenden Bewegungen zu massieren, und nur ein sanftes Verlangen nach ihr hielt mich davon ab, in den Schlaf zu sinken.

»Ich will mit dir schlafen«, sagte ich und kam mir dabei ein wenig plump vor.

Aber sie antwortete nur ruhig: »Ich will auch mit dir schlafen … aber das darf ich nicht!«

Normalerweise hätte ich das für eine ganz gewöhnliche Finte gehalten, aber irgendetwas in ihrer Stimme, eine Art Verzweiflung, ließ mich erkennen, dass sie nicht nur so tat als ob.

Ich stieg aus der Badewanne, und Anja bestand darauf, mich gründlich und sehr langsam abzutrocknen – es war, als würde sie mich streicheln. Der Ernst, mit dem sie das tat, hielt mich davon ab, nach ihr zu greifen. Ich stand einfach still und nahm ihre Hände mit meinem ganzen Körper entgegen.

Doch das ist natürlich nicht die ganze Wahrheit. Ich spürte gleichzeitig, wie sich in mir langsam ein Zorn gegen sie sammelte, sie gab und nahm, ganz wie sie wollte, sie beschnitt meine Männlichkeit, sie verwandelte mich in einen unpersönlichen Körper.

Doch ich hatte keine Kraft, um meine Gedanken weiterzuverfolgen. Das heiße Bad, ihre beruhigenden, aber verschleierten Berührungen hatten mich schläfrig gemacht, und als wir in ihr Schlafzimmer kamen, fiel ich aufs Bett, nicht ohne vorher zu bemerken, dass der Raum ganz in Schwarz gehalten war.

Alles war schwarz. Die Wände, die Möbel, die Tagesdecke auf dem Bett. Sogar ein Spiegel gegenüber vom Bett hatte einen schwarzen Rahmen. Offensichtlich hat sie zu viele Romane gelesen, dachte ich, im Einschlafen begriffen, als Anja kam und sich zu meinen Füßen hinlegte, also so weit entfernt von mir wie möglich.

Wieder verspürte ich eine Welle des Zorns durch meinen schweren Kopf rollen. Aber ich hatte beschlossen, nicht nachzugeben. Ich hasse es, zu »verführen«. In Wahrheit sehne ich mich immer danach, verführt zu werden. Deshalb konnte ich von Hariet nicht loskommen. Sie war die einzige Frau, die meine Lust wecken konnte, indem sie ganz einfach ihre zeigte, und das immer auf unterschiedliche Weise. Manchmal durch einen Blick, dann durch eine Zärtlichkeit im Auto, oder indem sie plötzlich in ein Lachen ausbrach, dessen Bedeutung so offensichtlich war, dass sogar ein Esel es begriffen hätte.

Also beschloss ich, ganz still an meinem Ende des Bettes zu liegen. Anja nahm meine Füße in ihre Hände und streichelte langsam Fußsohlen und Zehen. Es war ein unglaublicher Genuss. Ich bat sie, damit aufzuhören.

»Bist du wütend?«, fragte sie.

Ich log sie an und sagte, dass ich nicht wütend sei, obwohl ich innerlich kochte. »Ich bin einfach etwas zu alt, um hier zu liegen und rumzufummeln«, sagte ich grob.

Einen kleinen Moment lang herrschte Stille. Dann fragte sie sanft: »Bist du so wütend, dass du mich schlagen könntest?«

»Ja!«, antwortete ich, ohne nachzudenken.

»Dann tu es!«

»Das ist doch nicht ganz normal!«, brüllte ich und stieg aus dem Bett.

»Geh nicht!«

Sie klammerte sich an mir fest, und ich schüttelte sie richtig brutal ab.

Was mache ich hier eigentlich?, fragte ich mich. Woher kommt diese Lust, sie zu schlagen?

Im Spiegel konnte ich einen Blick auf unsere Situation erhaschen. Sie lag auf dem Bett, ihr Pullover verbarg nichts mehr. Ich war ganz nackt. Ohne richtig zu wissen, was ich tat, suchte ich nach meinem Ledergürtel. Als sie mich mit dem Gürtel in der Hand sah, bekamen ihre Augen einen ganz neuen Glanz. Sie stand auf und stellte sich vor den Spiegel.

»Schlag mich!«, sagte sie wieder mit ganz dünner Stimme.

Und ich schlug. Ich kam mir lächerlich vor, aber schlug noch einmal und fühlte mich schon nicht mehr so lächerlich. Warum genieße ich das?, fragte ich mich. Warum genießt sie es?

Aber ich schlug immer weiter, bis ich auf ihrem Rücken und ihren Schenkeln große rote Flecken sah. Ich warf den Gürtel weg. Ich war außer mir vor Angst. Da war eine Seite in mir zutage getreten, eine Seite, von deren Existenz ich keine Ahnung gehabt hatte.

Ich fiel vor ihr auf die Knie. Sie hielt meinen Kopf fest zwischen ihren Händen.

»Hab keine Angst!«, sagte sie. »Das hier werden wir nie wieder tun! Morgen werde ich heiraten. Ich wollte dich als etwas in Erinnerung behalten, das ich noch nie getan habe und auch nie wieder tun werde.«

»Ich wollte einfach nur mit dir schlafen«, sagte ich mit brüchiger Stimme.

»Du wolltest mit mir schlafen und vergessen«, sagte sie. »Ich wollte mich erinnern!«

INGER EDELFELDT

Selbstbewusstsein

Wenn man irgendwo neu anfängt, versucht man doch, so nett wie möglich zu sein, ohne sich gleich zu überlegen, welche Konsequenzen das haben könnte. Ich meine, wenn man ein einigermaßen positives und spontanes Grundgefühl hat, muss man das auch zeigen dürfen, selbst wenn jemand das womöglich anbiedernd findet. Aber das ist eben so, sobald man nicht völlig neutral ist. Gleichzeitig will man auch nicht zu überschwänglich erscheinen. Ich habe schon zu hören bekommen, ich würde mich lieb Kind machen, und manche halten mich bestimmt für übertrieben freundlich. Ich suche keine Konfrontation, und das reizt sie wohl. Ich glaube, ich habe keine besonderen Machtansprüche. Doch weiß ich recht genau, wie mein Leben aussehen soll.

»Du solltest besser zulangen«, habe ich zu hören bekommen. Zeitweilig glaubte ich tatsächlich, das ständig tun zu müssen. Aber warum sich den Mund so vollstopfen, dass man nicht mehr kauen kann? Besser nimmt man doch jeweils nur einen Bissen und lässt den Geschmack auf sich wirken. Ich möchte das Gefühl für Nuancen nicht verlieren.

Ingegerd, die verstand das nie. Sie hielt mich schlicht für faul. Diese Einstellung hat sie auch an Tobias und Simon weitergegeben. Die rennen dauernd herum. Die wollen nicht lesen oder irgendetwas mit den Händen tun. Doch, Computerspiele schon. Das geht gut. Alles, was Krach macht und Hektik verbreitet. Manchmal gebe ich mich ungeschickter, als ich bin, nur um sie ein bisschen zu ärgern. Wahrscheinlich möchte ich als eine Art Gegengift wirken. Sie nennen mich Ferdinand, den Stier.

Und Emilie, was hält sie von mir? Sie ist anders, hat ja auch eine ganz andere Mutter. Wir haben leider nicht viel Kontakt, manchmal frage ich mich, ob sie mich einfach nicht mag. Aber sie ist auch schon erwachsen und will bestimmt auf eigenen Beinen stehen. Wie Carro – nun, die schickt von ihren Reisen immerhin ab und zu eine Karte. Sie ist *ihrer* Mutter wiederum ziemlich ähnlich. Die sie auf Teufel komm raus behalten wollte. Vielleicht ist sie deshalb so stur und abenteuerlich geworden.

Ich habe lange gebraucht, um meinen Rhythmus zu finden. Um zu der Überzeugung zu gelangen, dass ich so sein darf, wie ich bin. Ich möchte, dass das Dasein etwas Weitläufiges hat, wie ein Strand. Etwas Warmes unter den Füßen. Doch das widerspricht der allgemeinen Auffassung, wie alles funktionieren soll. Trotzdem versuche ich, mir innerlich diese Weitläufigkeit zu schaffen, diese Barfüßigkeit. Als habe es ein Teil in mir nie eilig, sondern betrachte und sortiere, hmmmm, will ich dies oder das? Oder vielleicht jenes? Ich versuche, mir einen zentralen Ruhepunkt zu schaffen.

Bibliotheksassistent, das ist ein Job, der zu mir passt. Sie haben in der Bibliothek auch gleich Vertrauen zu mir gefasst. Sie brauchten einen ruhigen und gelassenen Kollegen, weil es gleichzeitig eine Schulbibliothek ist, und ich habe schon ziemlich viel mit Jugendlichen gearbeitet.

Die Leute wandten sich mit ihren Fragen recht schnell genauso gern an mich wie an die Bibliothekarin. Nicht nur die Jugendlichen, sondern auch die Lehrkräfte.

Diese Französischlehrerin – es hat eine Weile gedauert, bis ich wusste, wie sie hieß. Dagmar und Magda, die zwei Namen bringe ich immer durcheinander, obwohl ich mir immer zu merken versuche, wie die Leute heißen, damit sie sich respektiert fühlen.

»Na, du, *Lennart*«, sagte sie eines Tages bedeutungsvoll. »Du sitzt also hier und genießt deinen Vormittagskaffee.«

»Ich heiße Leif.«

»Und *ich* heiße Dagmar«, sagte sie. »Du kannst also damit aufhören, mich Magda zu nennen, oder noch schlimmer, ›du, Magda‹.«

»Entschuldige«, erwiderte ich. »Ich habe da einen blinden Fleck. Ungefähr so, wie wenn man sich eine Zahlenkombination nicht merken kann. Die Handynummer meiner Frau zum Beispiel kann ich mir einfach nicht merken.«

Sie lachte. »Seltsam, ich war mir ganz sicher, dass du nicht verheiratet bist.«

»Ich bin nicht verheiratet. Sie ist meine Ex.«

»Das hast du aber offensichtlich nicht akzeptiert.«

»Wie meinst du das?«

»Du nennst sie nach wie vor ›meine Frau‹. Wahrscheinlich kannst du dir deswegen ihre Nummer nicht merken. Nicht wegen der Zahlen.«

»Sondern?«

Sie lachte noch einmal so wie eben. Es war ein Lachen und am Ende so was wie ein Schnauben. »Weil du unbewusst dagegen protestierst, dass sie gegangen ist.«

Was hast denn du damit zu tun?, wollte ich schon sagen, ließ es aber sein. Erstens, weil Menschen mich interessieren, und wenn man zu sehr gegen ihr Verhalten opponiert, verschließen sie sich, und man kann ihr Wesen nicht betrachten. Und zweitens, weil Dagmar mich irgendwie faszinierte, wenn ich auch nicht wusste, warum. Sie war ein Flaggschiff, ein stilvolles Flaggschiff. Sie hielt sich sehr gerade und war auf ihre Art hübsch. Lange, kräftige Beine. Und dann die Nasenlöcher, dieser leicht verächtliche Zug, der meiner Ansicht nach etwas Verletzliches und Empfindliches schützte. Sie kleidete sich »wie eine Dame«. Das gefiel mir eigentlich nicht so. Ich schätzte, dass sie jünger war als ihr Stil. Dass sie gewissermaßen Respekt einflößen wollte. Das tat sie auch, für meinen Geschmack etwas reichlich, als hätte sie einen anderen Teil von sich verdrängt. Als ertrage sie kaum Widerspruch, kaschiere das aber mit einer angemessenen Dosis Humor.

»Dagmar. So heißen nicht viele. Ist das deutsch?«

»Nein, dieser Name hat in unserer Familie Tradition. Meine Urgroßmutter hieß auch so. Und meine Tochter heißt mit zweitem Namen ebenfalls Dagmar.«

»*Du* bist also verheiratet«, entschlüpfte es mir.

»Ja, sicher. Mein Mann arbeitet bei der militärischen Forschungsanstalt. Er ist Wissenschaftler. Er beschäftigt sich mit der Gehirnaktivität. Das ist faszinierend. Eigentlich wissen wir gar nicht, was ein Gehirn ist.«

»Müssen wir das wissen?«, fragte ich.

»Bist du wissenschaftsfeindlich?«, fragte sie zurück.

»Nein, eigentlich nicht.«

»Du gehörst vielleicht zu denen, die nicht neugierig sind. Die nicht daran denken, dass es ohne den ständigen Forscherdrang des Menschen keinerlei Fortschritt gegeben hätte. Du könntest beispielsweise nicht hier sitzen und lesen, wenn die Brille nicht erfunden worden wäre.«

Sie stand also da und gab solche Sachen von sich. Ich muss gestehen, dass ich ein bisschen verwirrt war und beinahe losgelacht hätte. Und ein bisschen aufgedreht war ich auch. Ich hatte das Gefühl, als sei da eine Art Kampf im Gange. So jemand war mir noch nie begegnet. Und ich dachte: Ein Glück, dass sie verheiratet ist!

»Hast du schon gesehen?«, fragte ich. »Wir haben Rumis Gedichte hereinbekommen. Ich mag Rumi sehr.«

»Den Namen habe ich schon mal gehört.«

»Er hat ›Die tanzenden Derwische‹ gegründet. Einen sufischen Orden«, erklärte ich.

»Dann handelt es sich also um religiöse Poesie?«

»Magst du so was nicht?«

»Warum nicht?«, sagte sie. »Ich bin nicht kategorisch.«

»Möchtest du sie ausleihen? Ich wollte sie als Erster lesen, dann kannst du sie haben.«

Sie wollte etwas sagen, schwieg aber. Ich konnte sehen, dass sie mit etwas kämpfte. Das machte sie schön, etwas Verletzliches schien auf. Ich lächelte sie an, warm, wie ich glaube.

»Na dann«, sagte sie, und es war, als schlüge ein kleiner, harter Deckel zu. »Ich muss jetzt gehen. Isst du nie in der Schulmensa zu Mittag?«

»Nein. Ich habe belegte Brote dabei.«

»Ich esse lieber etwas Ordentliches. Und ich will die Schüler im Auge behalten.«

»Ich mache mir zu Hause etwas zu essen«, erklärte ich. »Das mache ich gern. Das kann Stunden dauern. Am liebsten koche ich indisch.«

»Aha«, sagte sie. »Ich habe nichts gegen indisches Essen.«

Dann ging sie. Ihre Beine waren wirklich hübsch, auch von hinten.

Sie drehte sich um: »Hast du Éluard gelesen?«

»Vor langer Zeit.«

»Kannst du Französisch lesen?«

»Mit einiger Mühe.«

»Auf Französisch sind seine Gedichte nämlich am schönsten. Ich leihe dir das Buch gern.«

»Ja. Warum nicht?«

Wenn ich nur wüsste, was mich zu ihm hinzog! Eigentlich ärgerte ich mich über ihn. Als ich ihn zum ersten Mal sah, dachte ich nur: ein Schlaffi. Beim zweiten Mal merkte ich, dass mich etwas zu ihm hinzog. Kaum unterhielt ich mich mit ihm, war es um mich geschehen. Es waren seine Augen. Ein Zug, den man liederlich nennen könnte. Ich habe schon immer eine Schwäche für Augen gehabt. Und seine übten einen solchen Sog auf mich aus, dass mein ganzer Körper in ihnen ruhen wollte wie in warmem Wasser voll weichem Öl. Ansonsten kenne ich keine Nachsicht mit, wie soll ich sagen, schlappen Männern. Ich meine, charakterlich schlapp. Nicht physisch. Das heißt, für physisch schlappe Männer habe ich ebenfalls nichts übrig. Ich verlange normalerweise eine gewisse intellektuelle Schärfe, um mich nicht zu langweilen. Ich war mir nicht sicher, ob er darüber verfügte. Aber ich war völlig in seinen Bann gezogen, fast auf Anhieb.

Ärgerlich war ich, weil er mich mit falschem Namen angesprochen hatte. Ich glaube, ich habe ihn ein bisschen zu hart angegangen. Aber ich bin nun einmal eine entschlossene Person. Und ich wollte ihn irgendwie wecken. Ich hatte das Gefühl, als provozierte er mich. Er war intellektuell nicht anwesend. Er hatte sich zurückgezogen. Ich wollte ihn an den Haken bekommen und ihn ans Tageslicht ziehen. Und gleichzeitig wollte ich zu ihm ins Wasser. Ich bin schon ziemlich paradox. Aber das muss man sein dürfen.

Er fand mich wohl ein bisschen zu draufgängerisch. Ein bisschen zu selbstbewusst. Mit Verlaub gesagt, herrscht in dieser Bibliothek eine etwas schläfrige Atmosphäre. Überhaupt sind die Leute im Allgemeinen ein bisschen zu vorsichtig. Immer muss man ihnen ihre Ansichten aus der Nase ziehen. Sie haben oft keinerlei Übung darin, logisch zu denken, und können zwischen Gefühl und Gedanken nicht unterscheiden.

Das heißt nicht, dass ich keine Gefühle habe. Ich bin wirklich ein Gefühlsmensch, manchmal zu sehr. Aber ich muss »zu sehr« sein dürfen. Die Weiber, Verzeihung, die Frauen meines Alters nehmen sich das meistens nur in Bezug auf ihre Kleidung heraus. Sie gehen zur Farbberatung, wo ihnen bei der Auswahl ihrer Garderobe geholfen wird. Dann blühen sie oberflächlich auf, während in ihrem Innern noch der Sperling sitzt und sich mausert. Um sich hin und wieder in einen Sperlingsstößer zu verwandeln.

Ich bin lieber streitlustig. Was bedeutet, dass ich mir auch Feinde mache. Entweder tut man mich – wenn die betreffende Person ein Schlaffi ist – als Tyrannin ab, oder man nimmt mich als Vorbild und bekommt möglicherweise selbst ein paar Haare auf den Zähnen. Es wimmelt auf dieser Welt ja nicht gerade von Frauen, die für sich selbst einzustehen wagen. Sie werden auch gern überfahren, selbst von ihren eigenen Schülerinnen und Schülern. Und leiden schließlich am Burn-out-Syndrom. Ich ziehe es vor, ein bisschen Ordnung zu halten und ein bisschen was zu verlangen. Und ich glaube, dass auf die Dauer dabei alle gewinnen; es gibt keinen Menschen auf der Welt, der nicht wächst, indem er sich am Riemen reißt. »Wer von sich glaubt, dumm zu sein, hat schon verloren«, sage ich zu meinen Schülerinnen und Schülern. »Schritt eins ist, daran zu glauben, dass du Intelligenz besitzt, Schritt zwei ist, sie zu gebrauchen. Es gibt keinen anderen Weg zu persönlicher Freiheit. Unabhängig von deinem sozialen Hintergrund.«

Leif hieß er. Ich begann recht viel über ihn nachzudenken. Schon bald glaubte ich, seine Lebensstrategie zu verstehen. Dass er für seinen Job überqualifiziert war, lag auf der Hand. Sicherlich war er einer dieser Hanseln, die immer dort Arbeit annehmen, wo sie sicher sein können, dass andere über ihre Tüchtigkeit staunen. Da kann er dann glänzen, ohne sich überanstrengen zu müssen. Und sich sagen, dass er wahrlich kein Streber sei. Ein in jeder Hinsicht sicherer und guter Weg für jemanden, der keine Berge bezwingen mag.

Wie sich zeigte, hatte ich recht. Bei unserem zweiten längeren Gespräch stellte sich heraus, dass er von einem Job zum andern gesprungen war. Er hatte als Putzkraft auf einem Schiff gejobbt, als Weblehrer (!), hatte sich mit Keramik beschäftigt, in der Behindertenreha gearbeitet, in einem Park und wo sonst noch überall. Und außerdem schrieb er ab und zu Lieder, »wenn ihm gerade danach war«.

»Sehnst du dich nie danach, dich ganz auf eine Sache zu konzentrieren?« Ich konnte mir diese Frage nicht verkneifen.

Und was bekomme ich als Antwort? Ein derartiges Klischee, dass er mir genauso gut eines dieser vorgefertigten Keramiktäfelchen hätte überreichen können!

»Ich konzentriere mich aufs Leben«, sagte er.

»Das tue ich auch«, erwiderte ich. »Dann haben wir ja etwas gemeinsam.« Und ich gab ihm das Buch mit den Gedichten von Éluard. »Du kannst dir Zeit lassen damit.«

»Danke.«

Dann wusste ich wahrhaftig nicht, was ich noch sagen sollte. Das Schweigen war schwer zu ertragen. Ich begreife nicht, woher diese heftige Begierde kam. Man hat durchaus gehört, dass es von subliminalen Gerüchen herrühren kann. Es war nahezu magnetisch. Das kann schwerlich einseitig sein, dachte ich. Im Lauf der Jahre ist mir bewusst geworden, dass ich keineswegs unattraktiv bin. Ich habe gemerkt, dass die Männer mir nachschauen. Nicht alle, aber manche. Ausreichend viele. Nicht, dass das Selbstvertrauen von dergleichen abhängen sollte.

Ich hätte natürlich nicht gleich erzählen sollen, dass ich verheiratet bin. Immerhin trage ich keinen Ehering, weil ich davon ein Ekzem bekomme. Ich weiß nicht, warum ich es erzählt habe.

Diesmal erwähnte er unseren Familienstand nicht. Er fragte, ob mein Unterricht gut laufe.

»Er läuft gut. Ich versuche allen begreiflich zu machen, dass sie lernen *können.*«

»Und wenn sie es nicht können?«

»Dann hätten sie sich einen anderen Zweig aussuchen sollen.«

Er lächelte. »Ja, Lehrer sind schon recht wichtig. Als ich zur Schule ging, war ich in Mathe miserabel. In fast allen Fächern; ich kapierte nichts und habe die Schule geschmissen. Später bin ich dann auf eine Heimvolkshochschule gegangen, und dort habe ich alles kapiert, ohne Anstrengung. Vor allem Mathe. Weil ich da einen guten Lehrer hatte.«

»Der dich dazu brachte, deine Intelligenz zu gebrauchen.«

»Das weiß ich nicht. Er war einfach ein warmherziger

Mensch. Ich hatte Lust, etwas von ihm zu lernen. Es war fast eine Art Verliebtheit«, sagte er.

Natürlich kam mir in dem Moment der Gedanke, er könnte schwul sein. Nicht, dass ich etwas gegen Homosexuelle hätte. Das ist eine Wahl der Gefühle, die man respektieren muss, und in einer freien Gesellschaft soll jeder und jede Einzelne das Recht haben, so zu leben, wie er oder sie will, vorausgesetzt, es schadet sonst niemandem. Aber ich habe nicht gerade Lust, mich nach einem solchen Mann vor Begierde zu verzehren. Nun, vielleicht wollte er nur emanzipiert wirken. Mir mit seinem Mangel an Machoattitüde imponieren. Ich war etwas erstaunt und geschmeichelt von seiner Offenheit, schließlich kannten wir uns kaum. Unser Umgang besaß eine Dichte, als würde er tatsächlich etwas bedeuten. Einen Brennpunkt.

»Ich meine nicht, dass du nicht warmherzig bist«, sagte er. »Ich habe ja keine Ahnung von deinem Unterricht.«

»Was heißt warmherzig?«, sagte ich. »Wer ist warmherzig, wer ist kaltherzig? Wer soll das denn entscheiden? Warm und kalt – Menschen sind doch nichts zu essen.«

Jetzt lächelte er. Es war das Lächeln eines Charmeurs, kindlich und entwaffnend. Ich glitt immer tiefer in das warme, weiche Wasser, er zog und zog. Falls ich mir das nicht nur einbildete.

»Du, da hast du wirklich recht«, sagte er. Und es war, als ob seine Stimme sinke, auch sie ein samtweiches, warmes Wasser.

Und dann war es Zeit für mich zu gehen.

»Es ist interessant, sich mit dir zu unterhalten«, sagte er zu meinem Rücken.

Und ich, ich drehte mich nicht um, wie ein feiges, dummes

Mädchen! Ging einfach. Sammelte mich einen Moment lang auf der Lehrertoilette. Ich fühlte mich komisch. Mein Geschlecht. Ich hatte noch nie eine solche Begierde verspürt. Das Rückgrat hinauf bis in jede Pore, in den Kopf, wie eine Blume, die gerade ausschlägt. Was war es gleich, was ich unterrichten sollte? Das Plusquamperfekt. Ich begann über dieses Wort zu lachen. Ich fürchtete, mein Lachen könnte sich überschlagen und hysterisch werden. Ich befeuchtete mein Gesicht mit eiskaltem Wasser. Warf einen Blick in die Bücher und wurde wieder einigermaßen ich selbst. Sandte meinem Mann einen Gedanken. Meine Freundinnen glaubten mir nie, wenn ich sagte, ich sei ihm nie untreu gewesen, siebzehn Jahre lang nicht. Noch weniger glaubten sie mir, wenn ich sagte, ich hätte nie einen Anlass oder das Bedürfnis gehabt, über andere Männer zu phantasieren.

Das liegt ganz einfach daran, dass mein Mann für mich perfekt ist. Ich konnte ihnen ansehen, dass sie mir nicht glaubten, wenn ich das sagte. Aber es ist so. Alles ist – war – völlig logisch. Hätte man ihn zusammen mit allen Männern der Welt aufgestellt, so hätte ich ihn gewählt. Und ich glaube, er hatte umgekehrt das Gleiche getan. Die gleichen Wertvorstellungen, der gleiche Humor. Und eine hinreichend starke Anziehung. Eine wirklich sehr starke. Kein häusliches Glück; wir sind beide ziemlich dominante Persönlichkeiten. Die Kinder ebenfalls, sowohl Peter als auch Petra. Es gibt oft ein reinigendes Gewitter bei uns, doch wir respektieren einander.

Ich betrachtete einen Augenblick ihr Foto in meiner Brieftasche, und da lichtete sich der Nebel etwas. Man möchte schließlich kein Tier sein. Doch das Tier in einem möchte ein Tier sein. Oder wie immer das ist. Möglicherweise muss alles, was man nicht gewesen ist oder bekommen hat, irgendwann zum Vorschein kommen. Was immer es ist. Aber muss es so unpassend kommen? Und gegenüber einer Person, die man mit Müh und Not respektieren kann?

Sie kam eine Zeit lang nicht, hatte eine Lungenentzündung oder so. Wo sie doch aussah, als sei sie nie krank. Ich vermisste sie, ich hatte an den kleinen Kabbeleien mit einer so »hard-headed woman« Gefallen gefunden. Nicht, dass ich mich in sie verliebt hätte. Ich habe doch endlich gelernt, mich in diesem Punkt ein wenig vorzusehen. Nicht verrückt zu werden. Wird man verrückt, so ist etwas nicht in Ordnung mit einem, und damit sollte man anders umgehen. War es dieser Alberoni, der gesagt hat, dass man sich dann leidenschaftlich verliebt, wenn es Zeit ist, sein Leben radikal zu ändern, wenn man in etwas festgefahren ist? Ich glaube schon.

Nein, weder will noch wollte ich mich auf irgendetwas einlassen, so wie es mir mit meinen beiden Ehen und all den dummen, unüberlegten Beziehungen passiert ist. Die zu ihrer Zeit wunderbar waren. Heute ist meine Liebe jedoch, wie soll ich sagen, breiter angelegt. Ruhiger. Ich habe lange genug Verzweiflung mit Leben verwechselt.

Nun wollte ich ihr, wenn sie wiederkam, vielleicht vorschlagen, dass wir uns privat treffen könnten, auf neutralem Boden. Je nachdem, wie die Dinge sich entwickelten. Ich riskierte im Grunde ja nichts. Sie war schließlich verheiratet und schien auf ihren Mann stolz zu sein. Es ist schon wahr, dass man seine Arbeitssituation nicht unbedingt komplizieren sollte. Aber ich war ja nicht einmal fest angestellt. Nun denn, was geschehen soll, geschieht, dachte ich. Que sera, sera. Ich war wohl vor allem neugierig auf sie.

Als sie wieder zur Arbeit kam, sah sie wirklich blass und mitgenommen aus. Ihre Kinder waren ebenfalls krank gewesen – der Junge war fünfzehn und das Mädchen fünf. (Welch eine Lücke! Hatten sie mit dem kleinen Nachkömmling ihre Ehe retten wollen?)

Jetzt war sie besorgt, welchen Schaden die Vertretung in ihrer Klasse angerichtet haben mochte.

»Ich glaube, sie hat es gut gemacht«, sagte ich. »Sie war hier und hat sich Bücher ausgeliehen. Sie machte einen netten Eindruck.«

»Nett?«, fauchte Dagmar auf eine Art, die möglicherweise besagte, dass sie eifersüchtig war. Es war eine ganz reizende junge Vertretung gewesen. Ungezwungen und süß.

Dagmar holte tief Luft. »Du hast jetzt bestimmt schon einiges in dem Éluard gelesen.«

»Aber ja. Ich hatte ihn nicht so romantisch in Erinnerung.«

»Magst du keine Romantik?«

»Ich bin ganz begeistert von Romantik – in der Wirklichkeit«, erwiderte ich. »In der Literatur schätze ich etwas nüchternere Töne.«

»Und dieser Runni …«

»Rumi.«

»Er ist nicht romantisch?«

»Schwer zu sagen. Das sind schließlich Gedichte aus einer anderen Kultur und einer anderen Zeit.«

»Und handeln von Religion.«

»Und handeln von Liebe. Sogar von Begierde.«

»Du hast gesagt, das sei religiöse Dichtung.«

»Das muss doch kein Widerspruch sein.«

»Bist du *religiös*?«

»Irgendwie schon.«

»Aha«, bemerkte sie, stellte aber keine weiteren Fragen. Und ich sagte nichts. Am besten vermeidet man es, über dergleichen zu diskutieren. Die Leute verstehen so viel Verschiedenes unter »religiös«. Für mich ist es ein Gefühl. Und ich möchte es eigentlich nicht auseinandernehmen, sondern nur haben.

»Willkommen in der Arbeit«, sagte ich und lächelte wahrscheinlich, denn sie schien es brauchen zu können. Sie wirkte zittrig, so als müsste sie sich setzen.

»Ja, ich muss jetzt wieder loslegen«, sagte sie.

»Viel Glück.«

»Danke.«

Mit meinem Vorschlag wollte ich noch warten. Irgendetwas an ihr verunsicherte mich.

Sie entfernte sich ein paar Schritte. Dann kam sie ebenso viele Schritte zurück. Sie wirkte verkrampft, so als hätte sie irgendwo Schmerzen.

»Schau nicht so besorgt«, sagte sie plötzlich zu mir.

»Verzeih«, entfuhr es mir, »aber du siehst noch nicht ganz gesund aus.«

Sie straffte den Rücken und strich sich das Haar glatt. »Eine Frage«, sagte sie. »Soviel ich verstanden habe, hast du ziemlich viel Freizeit. Ich habe nicht so viel, mir kommt es vor, als würde ich ständig Klassenarbeiten korrigieren oder Berichte schreiben.«

Mir war nicht recht klar, worauf sie hinauswollte, bis sie sagte: »Ich gehe jeden zweiten Donnerstagabend mit einer Freundin essen oder ins Kino. Da holt meine Mutter Petra von der Kita ab und passt danach auf sie auf. Diesen Donnerstag hat meine Freundin keine Zeit. Das habe ich meiner Mutter und meinem Mann aber nicht gesagt. Ich unterhalte mich sehr gern mit dir. Es ist … irgendwie anders.«

Da klingelte es endlich. Sie hatte genau das vorgeschlagen, was ich hatte vorschlagen wollen. Und obwohl ich dachte, eigentlich vorschützen zu müssen, dass ich keine Zeit hätte, sagte ich Ja.

Da lächelte sie, endlich.

Mir war es nicht unrecht, dass dieses Treffen zustande kam. Ich war ja, wie gesagt, nicht uninteressiert. Ich hatte schon seit einiger Zeit so manche sexuellen Phantasien über sie. Aber die kann man schließlich über alle möglichen Leute haben. Über die merkwürdigsten Personen und Situationen manchmal, das ist ja gewissermaßen eine Freizone. Dem braucht man vielleicht nicht so viel Gewicht beizumessen. Was das anging, wusste ich ja nicht viel über sie. Sie war nicht gerade eine, die gern flirtete.

»Was ist eigentlich mit diesem Rumi?«, fragte sie.

»Äh, den habe ich gerade verliehen, den lesen jetzt alle. Aber ich habe Rabindranath Tagore da.«

»Rabbin was? Ich komme ohnehin nicht zum Lesen. Ich komme zu gar nichts. Aber so ist das eben.«

»Was?«

Sie zuckte die Achseln und zog eine Grimasse, die ihr wahrhaftig nicht stand. Sie wirkte so, als bräuchte sie ein bisschen Massage und warme Decken und Wein, bevor der Versuch, mit ihr Sex zu haben, der Mühe wert wäre.

»Das Leben«, sagte sie. Und lachte unvermutet auf. »Wie viele Floskeln man von sich gibt!«

»Zum Beispiel?«

»Wenn man sagt, man komme nicht dazu, zu leben. Das

sagen doch jetzt alle. Außer denen, die zufällig arbeitslos sind.«

Ich konnte mir nicht verkneifen zu sagen, dass ich sehr wohl dazu käme, zu leben.

»Gratuliere!«, erwiderte sie beinahe wütend, lachte wieder und ging ihre Schülerinnen und Schüler unterrichten.

Es gibt einen abgedroschenen Ausdruck, nämlich: »in Auflösung begriffen«. Das war ich definitiv in den Tagen, bevor ich mich mit ihm treffen wollte. »Sie kennt sich selbst nicht mehr« ist noch so ein Ausdruck. Man benutzt ihn, wenn anämische Großbauerntöchter in die Nähe von fahrendem Volk, Zigeunern und anderen dunkeläugigen Menschen geraten, die außerhalb der normalen Gesellschaft stehen (es sind selten Bibliotheksassistenten).

In meinem Fall war es so, dass ich wie in einem seltsamen Rausch umherlief und mir mal dies, mal das als mögliche Erklärung auszudenken versuchte. Vermutlich fühlt man sich so, wenn man von irgendeiner Droge high ist, was ich aber noch nie war. Und es stimmt schließlich, dass Verliebtheit im Körper Endorphine (ist doch richtig, oder? und außerdem Adrenalin?) erzeugt; man möchte aber nicht, dass alles nur Chemie ist.

Neben extremer Begierde war es wohl auch ein schlechtes Gewissen, gemischt mit einer Art Triumph und der Lust zum Aufruhr – absolut kindische Gefühle. Schlafen war schier unmöglich. Ich sagte den Leuten, ich sei Rekonvaleszentin, und die Lungenentzündung habe mich schwer mitgenommen. Was ja stimmte. Doch was hatte ich nicht für Fieberträume von irrsinnigen Begegnungen und Liebesritualen gehabt – ich hätte nie gedacht, dass meine Phantasie dazu überhaupt ausreichen würde! Ich raubte meinem Mann, der erstaunt und erfreut war, dass eine Rekonvaleszentin so viel Lust haben konnte, die Energie.

Das Ganze war fast zu viel für mich. Als könnte es tatsächlich alles zerstören, was mein altes Ich war. Was es aber nicht durfte. Mit einem Mal verstand ich, wie manche Menschen für ihre Leidenschaft »alles opfern« konnten, obwohl ich mich in meinen wenigen besonnenen Momenten noch selbst infrage stellen konnte: »Alles opfern« – will man das wirklich, oder erregt einen lediglich der Gedanke daran (warum?)? Ich konnte tatsächlich sehen, wie um mich herum alles in Schutt und Asche liegen würde, verwüstet. In was ich mich verwandeln würde, wenn ich wirklich nachgäbe, davon hatte ich keine Ahnung; ich, die ich Scheidungen immer kritisch gegenüberstand, besonders wenn zwei Menschen Kinder haben und es zwischen ihnen gut klappt.

Trotzdem war da dieser furchtbare Sog, mich zu *verlieren*. Was war das? Als hätte ich gewollt, dass wir Gift trinken, einen Liebestrank. All das, was so tragisch banal und peinlich wirkt, wenn andere es erleben: die verbotene Liebe, die alles in Trümmer legt.

Wenn andere verhext sind, sagt man zu ihnen: »Lass doch die Finger davon! Denk lieber an das, was du hast!«

Selbst betroffen, schließt man die Augen und leiert wie bei einem Rosenkranz mit brennenden Perlen: »Oh, er, der Liederliche, der Unbekannte, er, mit den schönen Händen, er, das brennende Öllicht … der langsam dahingleitende Schwimmer, mein Weihrauch und meine Myrrhe …«

Und noch mehr, bei dem man sich fragt, woher es kommt, etwas, wofür man sich schämt und was man ebendeshalb wiederholen muss: »Er, der wunderbar Verächtliche, er, der kleine Hurenjunge, er, der zu mir kommen muss, ausgeliefert, der sich unwiderstehlich verschlingen lässt, mit mir untergeht, mit mir stürzt, mein schmerzhaft wonniglich Verbundener … rings um uns darf alles zerfallen, rings um den Brennpunkt der Begierde …«

Wir trafen uns vor dem Restaurant, einem netten italienischen Lokal mit gedämpfter Beleuchtung. Ich war schon mal dort gewesen und wusste, dass es die richtige Atmosphäre hatte; dort könnte sie entspannen. Nun, ich natürlich auch. Ich war nämlich nicht übermäßig selbstsicher. Vermutlich in erster Linie, weil ich das Gefühl hatte, dass die ganze Geschichte ein wenig seltsam war. Sie war verheiratet, sicher, aber das war es nicht. Sondern etwas in mir. Ein ungutes Gefühl, ungefähr so, wie wenn man glaubt, man habe vergessen, das Bügeleisen zu Hause auszuschalten.

Gleichwohl sehnte ich mich nach ihrem Körper, nach der Herausforderung, die sie für mich darstellte. Wo ich doch sonst gar nicht so scharf darauf bin, Dinge als »Herausforderungen« zu betrachten, denn dabei kann sich leicht eine Art Ehrgeiz einschleichen und einen einäugig machen. Aber warum sollte ich mich sorgen und den Ereignissen vorgreifen? Nichts muss geschehen, was man nicht will. Und man muss es doch nicht ablehnen, mit einem interessanten Menschen essen zu gehen, auch wenn alles nicht stimmt?

Ich kam vermutlich ein wenig zu spät, ich warte nicht gern. Sie stand schon da, wirkte irgendwie rastlos auf mich, wie ein Pferd vor dem Startschuss. Ja, sie hatte etwas von einem Rassepferd an sich. Sie war nicht bildschön, keineswegs. Aber man beachtete sie. Es gibt Frauen, die behalten ihre Ausstrahlung bis ins Alter. Sie war so eine Frau. Allerdings schien sie abgenommen zu haben, wenn es denn möglich ist, dass jemand innerhalb nur weniger Tage merklich abnimmt. Ich hatte sie seit Montag nicht gesehen. Sie war nicht in die Bibliothek gekommen.

»Da bist du ja«, sagte sie ein wenig kess, fast wie in einem alten Seemannsfilm aus den Fünfzigerjahren. Mir war klar, dass diese Keckheit auf Nervosität beruhte. »Das Leben ist doch ziemlich seltsam«, sagte sie, und dann wandte sie sich scherzhaft an den Kellner: »Finden Sie nicht auch, dass das Leben ein Mysterium ist?« Und dann wieder dieses Lachen.

»Nein«, sagte er höflich in gebrochenem Schwedisch. »Ich finde, das Leben bleibt sich ziemlich gleich.«

Sie hielt den Kopf schräg und verstand ihn wohl nicht richtig. Ich ging dazwischen und bat um die Speisekarte. Ich fragte mich im Stillen, ob sie zu Hause wohl schon Wein getrunken hatte. Das hatte ich nämlich tun wollen, es dann aber sein lassen. Als alter Anhänger der transzendentalen Meditation hatte ich stattdessen meditiert, das erfüllt den Körper mit einer anderen Art von Wohlbehagen. Aber nicht einmal das hatte dieses warnende ungute Gefühl abwehren können. Vielleicht war ich bei meiner Meditation nicht tief genug versunken. Oder ich hatte etwas nicht verstanden, was ich hätte verstehen sollen.

»Was nimmst du?«, fragte sie.

»Ich weiß nicht. Irgendeine Pasta, denke ich.«

»*Ich* werde richtig zuschlagen«, erklärte sie und wählte eines der teureren Gerichte. Wir einigten uns auf eine Flasche Rotwein.

Dann sprach sie wieder von ihren Schülern. Es waren Sorgen, die vermutlich jeder Lehrer hat, von Schülern, die keine Geduld haben, keine Motivation, von Jugendlichen, deren Eltern sie in die »Nebel der Computerspiele« gleiten lassen (so wie meine Kinder?). Von Schülern mit eingeschlafener Phantasie, die stimuliert werden musste. Sie erzählte, dass sie mit dem Gedanken spiele, sich bei einer freien Schule zu bewerben, wo es Schüler gebe, die »eine Richtung« hätten.

Die ganze Zeit über hatte ich das Gefühl, als wollte sie, dass ich ihr widerspräche, doch ich hütete mich! Vor allem hütete ich mich vor dem Thema Politik. Ich glaube, wir hatten da unterschiedliche Ansichten, und mit Sicherheit hatten wir weit voneinander entfernte Parteien gewählt. Ich hatte jedoch überhaupt keine Lust, in eine solche Diskussion zu geraten. Derlei Themen kann man sich für andere Gelegenheiten aufsparen.

Als sie Atem holte, fragte ich sie, wo sie im Urlaub gewesen sei.

»Urlaub«, wiederholte sie. »Das ist schon so lange her, dass ich es fast nicht mehr weiß. Wahrscheinlich waren wir in Marstrand, wie immer. Und du? Hast du mit deinen Kindern Urlaub gemacht?«

Und so ging es weiter. Eine Wand aus Worten, die aufrechterhalten wurde, ein Gespräch, das von zwei Menschen ohne einen Gedanken an Romantik hätte geführt werden können.

Ich überlegte, ob ich es abbrechen sollte. Oder etwas anderes aufs Tapet bringen?

Dann sagte ich: »Hat Schweigen nicht etwas Seltsames an sich? Ich war einmal in einem Selbsterfahrungskurs. Wir haben ein paar Sinnesübungen gemacht.«

»Sinnesübungen«, wiederholte sie und klang natürlich kritisch, sosehr sie auch versuchte, nur neugierig zu sein.

»Ich bin ein richtiger Softie«, sagte ich. »Das ist aber recht angenehm.«

»Das habe ich befürchtet.«

Ich schenkte uns Wein nach. »Jedenfalls«, fuhr ich fort, »bestand eine der Übungen darin, einander schweigend in die Augen zu schauen, zehn Minuten lang.«

»Wer ist einander?«

»Die Kursteilnehmer. Immer zu zweit.«

»Man möchte doch nicht jedem x-beliebigen in die Augen schauen«, meinte sie.

Ich sah sie an. Sie sah mich an. Sie war tatsächlich still. Sie schaute mir in die Augen. Sie war gefangen, ihr Blick wurde irgendwie schwarz. Fast spürte ich schon, dass ich zu weit gegangen war, mit irgendetwas spielte und keine Deckung hatte. Trotzdem machte ich weiter und dachte, meine Unsicherheit werde sich schon legen. Dagmars Blick hing an meinem. Ich überlegte: Wann soll ich abbrechen?

Da fragte sie, und ihre Stimme klang ironisch, aber man konnte auch ein Beben heraushören: »Sind die zehn Minuten jetzt vorbei?«

»Ich weiß es nicht.«

»Deine Augen«, sagte sie. »Sie sind unglaublich schön.«

»Danke.« Ich war tatsächlich ein wenig verlegen. Ich hatte gedacht, dass sich irgendetwas lösen würde, durch den Wein und den Blickkontakt und alles. Ich merkte, dass sie von unserem Beisammensein schon ziemlich angetörnt war. Doch das Geplauder ging einfach weiter. Schließlich wurde ich müde. Irgendetwas in mir sagte: Stopp! Plötzlich wollte ich nur noch weg, und ich schlug vor, zu zahlen.

»*Ich* zahle mein Essen selbst«, erklärte sie.

»Selbstverständlich. Ich habe nichts anderes erwartet.«

Wir mussten mit demselben Bus fahren, aber an unterschiedlichen Stationen aussteigen. Also gingen wir Seite an Seite schweigend zur Haltestelle.

»Du, ich glaube, ich nehme die U-Bahn«, sagte ich.

Sie wandte sich zu mir: »Ich weiß nicht, wie ich mich ausdrücken soll. Aber ich denke ständig an dich.«

Dazu fiel mir nicht viel ein. Wir waren bei der Sturegatan angelangt. Eine Gruppe trendy gekleideter Jugendlicher kam gerade aus einer Kneipe und umringte uns. Dagmar stand vor mir und wirkte mit ihrem mittleren Alter etwas verzweifelt. Auf ihre ganz und gar eigene Art war sie jedoch schön.

Die Jugendlichen zogen ab, wir gingen weiter und waren wieder fast allein.

Im nächsten Augenblick legte sie plötzlich ganz fest die Arme um mich und küsste mich in einer Weise, von der man schwerlich *nicht* angetörnt sein konnte.

Irgendetwas in mir wollte schon immer verführt werden, das geht vermutlich allen so. Ich spürte aber, dass ich wählen konnte: entweder mich darin verlieren oder das Gefühl betrachten und mich vielleicht davon entfernen. Mit den Jahren habe ich immer häufiger dieses Gefühl, dass man sich nicht unbedingt ausliefern muss.

»Kann ich mit zu dir kommen?«, fragte sie. »Ich habe nur diesen einen freien Abend.«

Ich sagte okay. Nicht einmal bei sich zu Hause – gerade dort nicht – muss man sich auf etwas einlassen, was man nicht so gut findet. Aber einen Abschluss brauchte der Abend ja noch, wenigstens einen vertraulichen Plausch. Wir waren schließlich Arbeitskollegen. Ich dachte mir wieder: Was geschehen soll, geschieht.

Seine Wohnung war recht gemütlich, wobei sein Geschmack nicht sonderlich progressiv war. Ich ging ein bisschen umher und sah mir seine Sachen an, um mich zu sammeln. Es war wie in einem dieser Träume, in denen es brennt und brennt und man das Feuer zu löschen versucht, dessen aber nicht Herr wird.

Ich setzte mich aufs Sofa, er dagegen blieb beharrlich im Sessel sitzen.

Ich sagte: »Du hast eine Menge Bücher über Psychologie.«

»Ja schon, aber sie interessieren mich nicht mehr«, sagte er. Er saß in seiner eigenen Sphäre und strich sich zerstreut über den Arm, seine oberen Hemdknöpfe waren offen – er wirkte wie auf dem Tablett serviert und trotzdem uneinnehmbar.

»Und du hast zwei Gitarren«, sagte ich. »Warum zwei?«

»Das hat sich so ergeben. Sie fühlen sich unterschiedlich an. Genau wie Menschen«, sagte er, und ich nahm an, er meinte Frauen, womit er mich wohl wollte. »Kannst du spielen?«

»Nein«, antwortete ich.

»Aber ein paar Akkorde kannst du doch bestimmt.«

»Nein.« (Meinte er, wir sollten im Duett spielen? Erwartete er von einer Frau, dass sie musikalisch ist?)

»Hast du eine Lieblingsmusik?«, fragte er.

»Mozart gefällt mir. Wenn man das so sagen kann, ohne banal zu erscheinen.«

»Irgendwelche Lieder, die du magst?«

»Auf keinen Fall die von Evert Taube.«

Da lächelte er, als fände er mich amüsant. »Ich habe dich danach gefragt, was du magst, nicht danach, was du nicht magst.«

»Du findest, dass ich eine durch und durch negative Lebenseinstellung habe?«

»Aber nein. Ich glaube, alle Menschen fürchten sich vor irgendetwas.«

»Und ich fürchte mich vor Evert Taube?«

Da lachte er, und dann sagte er: »Du bist eine ziemlich toughe Frau, weißt du das? Bist du schon immer so gewesen?«

»Ja«, sagte ich. Ich hatte eigentlich keine Lust zu reden. Ich wollte nur an ihn rankommen, bevor dieses Feuer mich völlig fertigmachte. Ich hätte mich auf den Boden werfen, ihn bitten und bei allen Göttern, an die ich nicht glaubte, anflehen können, zu mir zu kommen. Innerlich tat ich das schon die ganze Zeit. Aber nach außen saß ich weiterhin auf dem Sofa und trieb Konversation. Außerdem war ich ärgerlich. Ich verstand nicht, was er vorhatte. Es hatte allmählich den Anschein, als spielte er mit mir, als spannte er mich auf die Folter, um zu sehen, wie weit er es treiben könnte.

»Kannst du dich nicht neben mich aufs Sofa setzen?«, fragte ich.

Er kam her und nahm ein Stückchen von mir entfernt Platz.

»Bin ich abstoßend?«, fragte ich, obwohl ich wusste, dass es die falsche Taktik war. Ich war so verzweifelt.

»Nein, keineswegs«, antwortete er.

Ich rückte näher an ihn heran, berührte ihn, er atmete schneller, ich strich ihm mit der Hand über den Schenkel, bis zum Schritt, und erhielt den Beweis dafür, dass ich nicht abstoßend war: Er kommt mir entgegen, er reagiert, er will. Und auch sein Atem: schneller, erregt.

Ich knöpfte ihm das Hemd auf und streifte es ihm ab; endlich seine Haut berühren! Ich zog meine Bluse und meinen BH aus. Streckte die Hände nach ihm aus. Er erhob sich, kam zu mir. Ich lockte ihn in Richtung Schlafzimmer, er hatte sich dort ein richtiges Liebesnest eingerichtet – wie hat er wohl nach der Scheidung gelebt … Aber das war mir egal, jetzt ging es um uns, jetzt trieben wir auf der Welle, jetzt konnte nichts und niemand mehr uns aufhalten, der Kampf war zu Ende oder ein anderer geworden, wir küssten uns und küssten uns, und ich dachte, mein Körper dachte: Das bin wirklich ich. Völlig entblößt. Durch und durch lebendig. Durch und durch wirklich.

Wir drückten uns aneinander, ganz heiß, ich spürte sein hartes Geschlecht, und mein Geschlecht war völlig offen, eine Quellader, singend, die nichts anderes wollte als …

Da. Da stieß er mich von sich.

»Bitte«, sagte er. »Nicht jetzt. Nicht so. Nicht so plötzlich und so hart. Das fühlt sich verkehrt an.«

Was sagte er? Was tat er? Ein ganz widerlich heftiger Schmerz. Als würde etwas stumm detonieren. Ein so widerlicher, widerlicher Schmerz, als begreife man plötzlich, dass man an etwas Unheilbarem, Tödlichem leidet. Wie ein Gift. Ein Gift, so stark wie die Seligkeit unmittelbar zuvor.

Ich hatte schon etwas befürchtet, aber nicht, dass sie so einen Ausbruch haben würde. So etwas hatte ich wirklich noch nie erlebt. Ein vorsichtiges Nein meinerseits, eine Bemerkung, die lediglich das schlechte Timing betraf. Das wird man doch noch sagen dürfen?

Sie schrie geradezu: »Nein! Das darfst du nicht! Du darfst mich nicht wegstoßen!«

»Ganz ruhig!«, sagte ich.

»ICH DENKE NICHT DARAN!«

»Die Nachbarn …«

»Ich pfeif auf deine Nachbarn!« Sie sah aus, als wollte sie mich schlagen.

Ich entzog mich und versuchte es mit: »Sei doch nicht so aggressiv!«

»Aggressiv! Was bist du bloß für ein Ekel! Wozu hast du mich mit hergenommen? Bist du ein Sadist, oder was soll das?«

»Ganz ruhig! Ich habe dich nicht weggeschickt. Ich dachte nur, wir könnten uns ein bisschen unterhalten.«

Sie starrte mich an wie ein gefangenes Tier. Dann fing sie ungeheuer laut zu weinen an, stieß ein langgezogenes Heulen aus, als hätte ich sie wirklich misshandelt: »Nie! Noch nie hat mich jemand so tief berührt! Noch nie habe ich mich zu jemandem so hingezogen gefühlt!«

»Dann kannst du doch auch auf das hören, was ich sage.«

»Ich will nicht reden! Ich verquatsche mein ganzes Leben! Ich will *lieben*! Du darfst nicht mit mir spielen, da bringe ich dich um!«

»Bloß nicht!« Ich stieg aus dem Bett.

»Du darfst nicht weggehen!«, kommandierte sie.

»Ich möchte mir mein Hemd anziehen. Ich bringe dir deine Bluse.« Ich verließ das Zimmer.

Sie folgte mir. »Hast du Angst vor mir?«, fragte sie.

»Nun, das sollte ich wahrscheinlich. Schließlich hast du angedroht, mich umzubringen.«

Sie wirkte ruhiger, ein klein wenig beschämt. Ich konnte fast zusehen, wie sich um sie herum wieder ihre Hülle bildete. Das Kind verschwand, die kritische Erwachsene kehrte zurück. Ich reichte ihr ihren BH und ihre Bluse, und sie zog sich an. Es war ein teurer Spitzen-BH, womöglich hatte sie ihn extra meinetwegen gekauft.

»Möchtest du eine Tasse Tee?«, fragte ich.

»Nein, ich möchte keine Tasse Tee«, sagte sie, wieder mit dieser Ironie in der Stimme, als wollte sie mir zu verstehen geben, wie lächerlich mein Angebot war im Vergleich zu dem, was sie das Recht hatte einzufordern.

»Ich glaube, du bist feige«, sagte sie. »Du traust dich nicht mehr, starke Gefühle zu haben. Du bist nach deiner Scheidung wohl ein gebranntes Kind, wie man so sagt. Ist es nicht so?«

Ich wusste nicht, was ich sagen sollte. Ich hatte tatsächlich Angst vor ihr. Vielleicht sollte sie besser gehen. Ich wollte aber wirklich nicht, dass wir uns als Feinde trennten.

Sie setzte sich in den Sessel. »Ich wünschte, ich wäre ein Mann«, sagte sie.

»Warum?«

»Männer haben Angst vor starken Frauen. Wäre ich ein Mann, dann hättest du mit mir geschlafen. Wenn du eine Frau gewesen wärst.«

»Meinst du?«, erwiderte ich. »Meinst du, es geht nur um Mann und Frau?«

»Was glaubst du denn, worum es geht?«, fauchte sie.

»Dass man sich in unterschiedlichen, wie soll ich sagen, Phasen befindet. Unterschiedlicher Stimmung ist.«

»Was hättest du denn gern? Eine dumme Gans?«

Müde war ich. Und ich hatte gute Lust zu sagen: »Das wäre vielleicht gar nicht so verkehrt.« Aber ich sagte nichts.

»Wie sieht deine Idealfrau aus?«

»Liebe Dagmar. Ich habe keine Idealfrau. Doch, vielleicht eine, die nicht androht, mich umzubringen.«

»Ja, das war ein bisschen übertrieben. Aber ich habe so starke Gefühle. Das solltest du eigentlich verstehen können. Du hast übrigens dein Hemd falsch geknöpft.«

»Das macht nichts. Ich habe nicht vor auszugehen.«

»Aber ich. Ich werde jetzt gehen.« Sie blieb sitzen.

»Hör mal«, sagte ich. »Du wirst jetzt wahrscheinlich wieder sauer. Aber ich habe so ein seltsames Gefühl. Als wüsste ich, was mich an der ganzen Sache stört. Willst du es wissen?«

Sie spitzte die Ohren wie ein Jagdhund. »Du zählst am besten alles auf, was deiner Meinung nach mit mir nicht stimmt, damit ich es weiß«, sagte sie. »Mein Selbstvertrauen ist nicht so schwach.«

»Ich habe eigentlich nur das Gefühl, dass du dich sozusagen an mir rächen möchtest«, sagte ich.

»Rächen? Wofür denn?«

»Das weiß ich nicht.«

»*Du* willst dich aber nicht an *mir* rächen?«, konterte sie. »Du bist durch und durch friedlich und sympathisch?«

»Ganz und gar nicht.«

»Mmm, du bist so perfekt ausgeglichen, dass du sogar deine negativen Seiten anerkennst.«

»Lass uns jetzt mit diesem albernen Streit aufhören. Wir sind doch nicht miteinander verheiratet.«

»*Ich* werde jetzt gehen«, kündigte sie erneut an und stand tatsächlich auf. Zog sich tatsächlich an.

»Wie lange wirst du noch in der Bibliothek arbeiten?«, fragte sie.

»Ich kann schwerlich morgen aufhören.«

»Woanders gibt es bestimmt auch noch nette junge Mädchen. Im Gesundheitswesen, zum Beispiel.« Sagte es und schlug die Tür hinter sich zu.

Glücklicherweise schliefen mein Mann und meine Kinder, als ich nach Hause kam. Er hatte sich viel Arbeit mitgebracht, wie ich auf dem Tisch sah. Meine Mutter hatte mir einen Zettel hingelegt, dass Petra sich wie immer ausgezeichnet benommen habe.

Ich hatte das Gefühl, in eine Wohnung heimzukehren, in der jemand ganz anderes als ich wohnte. Ich kam von einem Ort, wo einem jemand mit grobem Sandpapier durch die Seele und den Körper fährt. Mit durchnässtem Slip stand ich da und betrachtete das, was ich eigentlich wertschätzen sollte: die Sofaecke mit der Designerlampe, Petras französische Clownpuppe, die sie zwischen den Kissen hatte liegen lassen. Und alles war hohl, alles aus demselben trügerischen Stoff.

Irgendwo tost die Liebe wie ein Wasserfall. Nicht hier, nicht mehr. Nicht diese Art von Liebe. Was ist das für eine Liebe, die einen Menschen ausbläst, ihn unbändig macht, ihn zu etwas macht, das unbedingt … etwas, das sich kaum zusammenhalten lässt?

Wo soll ich hin?

In meinem Innern beginnt es zu beben, und dieses Beben nimmt kein Ende mehr, doch ich weiß, dass ich ruhig bleiben muss. Ich muss ruhig bleiben, muss mich genau hier befinden. Ich kann nicht weg von hier. Ich habe von Menschen gehört, die »zusammenbrechen«. Ich habe nie verstanden, was damit gemeint ist, bis jetzt. Ich lege mich der Länge nach hin, den Kopf in den Kelim gedrückt.

Höre plötzlich diese Schrittchen, nicht einmal sie haben etwas mit mir zu tun. Als hätte jemand anders das Kind geboren.

Dann ist die kleine Hand auf meinem Kopf, und: »Mama?« Besorgt: »Mama, bist du klank?«

Sie, die sonst ganz deutlich spricht! Das weckt mich, holt mich zurück, dieses kindliche »klank«, das sie schon lange nicht mehr in den Mund genommen hat.

»Nein, ich bin nicht *kr*ank«, sage ich.

»Du weinst ja.«

»Meine Freundin hat mir etwas fürchterlich Trauriges erzählt«, erkläre ich und setze mich auf.

»Was denn?«

»Nichts für Kinder. Etwas Trauriges, worüber sich nur Erwachsene Sorgen machen müssen. Überhaupt nichts, was dich und mich betrifft. Über dich kann man sich nur freuen.«

»Darf ich auf deinen Schoß?«

Ich setze mich aufs Sofa, nehme sie auf den Schoß, und sie schnuppert an meinem alkoholgeschwängerten Atem und sagt: »Du riechst ekelig.«

»Ich werde mir die Zähne putzen«, verspreche ich.

Sie setzt sich zurecht, schmiegt sich an mich, dieser kleine, energische Rücken und dieser kleine harte Kopf – sie besitzt mich.

»Du bist die beste Mama der Welt!«, sagt sie mit diesem zuckrigen Pathos, das nur bei einem Kind überzeugend klingen kann.

So spricht das Kind zu der Frau auf dem Sofa. Und die Frau auf dem Sofa legt die Arme um das Kind, während *die Zurückgewiesene* noch immer in jenem Bett liegt, erstarrt in dem Moment absoluten Schmerzes, der ihr da als das einzig Wahre erschien und jetzt betrachtet werden muss, der sich geöffnet hat und der sich von derjenigen, die lebt, die leben will, nicht mehr einsperren lässt, von dieser Frau-Mutter auf dem Sofa, die ihr Kind im Arm hält und vage weiß, dass sie die Zwiespältigkeit dieses neuen Schmerzes aushalten wird,

Minute um Minute um Minute, weil sie jemand ist, die Herausforderungen annimmt, und eine größere Herausforderung als dieser schwarze Schlund, der sich da geöffnet und gefordert und nichts bekommen hat, ist ihr noch nie begegnet.

Sie hält die Kleine umfasst. Nie, nie die Kleine verraten! Sie niemals im Stich lassen!

In der rauen Höhle hält sie die Kleine im Arm, und noch haben sich in der neuen Landschaft, nach dem Erdrutsch, keine Wege aufgetan, keine neuen Wege, die die Neue in ihr gehen könnte. Noch ist es Nacht. Noch lassen sich keine neuen Gedanken formen darüber, wessen Schuld und warum. Es gibt eine schwarze Frist, eine unerträgliche Freiheit.

INGER ALFVÉN

Die Grenze

»Hüte dich vor verheirateten Männern«, sagte Anna-Bellas Mutter, und solange Anna-Bella dies beherzigte, ging es ihr in jeder Hinsicht gut, nur nicht in der Liebe. Dann kam er. Zehn Jahre älter und verheiratet, ihr Dasein veränderte sich mit einem Schlag. Nicht einmal ganz zu Anfang gestattete sich Anna-Bella Zweifel, obwohl sie einsah, dass die Warnung ihrer Mutter berechtigt war. Ihr Interesse an ihrer Umwelt, an Freunden und Vergnügungen verblasste, jetzt wartete sie nur noch.

Er rief immer sehr kurzfristig an, manchmal stand er bereits vor ihrer Tür. Nach der Arbeit wagte sie es kaum, das Haus wieder zu verlassen, obwohl er nicht sonderlich oft von zu Hause wegkonnte und sowieso nie länger als ein paar Stunden blieb. Sie kaufte Delikatessen ein und bereitete Gerichte zu, die sie in die Tiefkühltruhe legte, um bei Bedarf innerhalb einer Viertelstunde ein Souper auf den Tisch zaubern zu können. Eine Flasche Weißwein lag immer im Kühlschrank bereit. Jeden Tag wusch sie ihr Haar, und ihre Hauskleidung wurde zunehmend durchsichtiger. Sie sei der vollkommene Gegensatz zu seiner Ehefrau, sagte er, ein Wunder von einer Frau.

Er machte sich zwar Gedanken darüber, wie viel er ihr doch zumutete, indem er auf diese Weise kam und ging, doch das war immer hinterher, im Bett, kurz bevor er auf die Uhr schaute und wegmusste. Da in diesem Moment alle Schleusen von Anna-Bella weit geöffnet waren, schwor sie, sie sei glücklich mit der Beziehung, so wie sie sei, und meinte es auch so, bis die Tür hinter ihm zugefallen war.

Ein Monat folgte auf den anderen, und schließlich war ein halbes Jahr vergangen. Da geschah es. Plötzlich. Wie alles mit Karl.

An einem Samstagnachmittag Ende September klingelte das Telefon. Anna-Bella zögerte abzuheben, denn sie stand schon in Stiefeln und mit dem Rucksack auf den Schultern an der Tür, und Karin und Eva warteten bereits im Auto vor dem Haus. Aber wie auch immer, sie hob ab. Seit sie sich in Karl verliebt hatte, war es ihr unmöglich, den Hörer nicht abzunehmen, selbst wenn er es nicht sein konnte.

Aber er war es.

»Ich komme jetzt«, hörte sie Karls Stimme. »Ich habe mich entschieden. Ich trenne mich.«

Es fühlte sich an wie eine Trauerbotschaft, und ihr erster Gedanke, ihre ersten Worte an Karl waren: »Das ist nicht wahr!«

»Freust du dich nicht?«

Er hatte zwar in letzter Zeit immer häufiger gesagt, er träume davon, mit ihr zusammenzuleben. Aber nie hatte er davon gesprochen, seine Ehe aufzugeben, und da sie ihre eigene Enttäuschung fürchtete, hatte sie darauf verzichtet, ihn zu fragen.

Das Herz hämmerte in Anna-Bellas Brust, und sie bekam fast keine Luft mehr. Es war wie ein Traum gewesen, dass er sich für sie entscheiden würde, eine Phantasie, die sie nicht hatte bremsen können und die sie deswegen in den Bereich des Unwirklichen verbannt hatte, um ihre gemeinsamen Stunden nicht zu verderben.

Sie hatte beschlossen, mit dem zufrieden zu sein, was er ihr gab. Er war über ihre Anspruchslosigkeit erstaunt und dankbar gewesen, und sie hatte sich noch mehr Mühe gegeben, seinem Bild von ihr zu entsprechen. Wer wollte nicht gern ein Wunder des Herrn in den Augen seines Liebsten sein?

»Hallo! Ich komme jetzt! Freust du dich nicht?«

Sie umklammerte den Hörer mit schweißnasser Hand. Wie sollte sie wissen, was sie empfand, wenn ihr Körper vollkommen in Panik geriet? Wenn sie doch nur nicht ans Telefon gegangen wäre, wenn sie doch nur nicht zu Hause gewesen wäre. Schließlich war sie bloß noch einmal zurückgekommen, um ihre Mütze zu holen.

»Aber ich kann nicht, nicht vor heute Abend. Ich will zum Pilzesammeln.«

Sie hörte selbst, wie das klang.

»Ich habe heute Nacht kaum geschlafen. Ich habe mit Birgitta gesprochen. Ich hatte gehofft, wir seien uns einig, aber sie heult die ganze Zeit.«

»Liebster Karl, ich muss los. Wir gehen am letzten Samstag im September immer Pilze sammeln. Ich kann das nicht absagen.«

Wenn jemand gestorben wäre, hätte sie es abgesagt. Aber Karl war nicht tot, ganz im Gegenteil, und mit Rücksicht auf seine Frau war ihr Verhältnis so heimlich gewesen, dass sie nur ihrer Schwester davon erzählt hatte.

»Ich bin bereits auf dem Weg zu dir. Ich wollte dir nur schnell Bescheid geben.«

»Du hast einen Schlüssel. Fühl dich wie zu Hause, dann essen wir, wenn ich zurückkomme.«

»Ich dachte, du würdest dich freuen!«

»Aber das tue ich doch. Ich bin überglücklich. Ich liebe dich. Es wird wunderbar. Ich kann nur meine Freunde nicht ohne Vorwarnung versetzen. Du musst dich etwas gedulden. Schließlich sind wir erwachsen.«

Ihre Worte reichten nicht aus, um ihre Gefühle auszudrücken. Das war eigentlich auch egal, denn in ihrem Kopf herrschte ein einziges Durcheinander. Wahrscheinlich – oder natürlich – wäre sie glücklich, genau wie sie gesagt hatte, wenn ihr nur Zeit zum Nachdenken bliebe. Es überwog jedoch der Ärger darüber, dass Karl seinen Entschluss ausgerechnet heute und ohne jede Vorwarnung gefasst hatte. Plötzlich kam es ihr vor, als kenne sie ihn überhaupt nicht und als habe er ein Gespür dafür, ausgerechnet dann nach ihr zu verlangen, wenn es ihr am wenigsten passte. Viele Male hatten Freundinnen sie wegen irgendeines Mannes versetzt, und sie wollte es ihnen nicht gleichtun.

Während sie im Wald nach Pilzen suchten und die Sonnenstrahlen durch das sich lichtende Laub fielen, führte sie mit Karl ein fiktives Gespräch darüber, was passiert war und was weiter aus ihnen werden sollte. Mal war sie aufgebracht, mal voller Freude und Zuversicht. In ihrem Körper kribbelte es vor Unruhe, und sie spürte, dass dies einer der wichtigsten Tage ihres Lebens war. Zerstreut teilte sie ihren Proviant mit ihren Freundinnen, brachte es aber nicht über sich, ihnen von ihrer Liebe oder von dem Telefonanruf zu erzählen.

Sie weilte in Gedanken bei Karl, ihr Körper gehorchte ihr kaum, und sie musste die ganze Zeit auf die Uhr schauen.

Vielleicht war ja dies der Grund dafür, dass sie ihre Freundinnen auf dem Rückweg in die Irre leitete. Auf einmal merkten sie, dass sie sich nicht dort befanden, wo sie gedacht hatten, denn das Auto stand nicht auf dem Weg, auf dem es hätte stehen sollen, was dazu führte, dass sie sich um mehrere Stunden verspäteten. Es dämmerte bereits, als Anna-Bella vor ihrem Mietshaus einparkte und die Treppen zu ihrem Geliebten hocheilte.

Sie merkte sofort, dass die Wohnung leer war, aber der Zigarrenqualm hing in dichten Schwaden wie der Pulverdampf über Waterloo. Sie betrachtete das Bild, das sich ihr bot: den Glastisch mit dem Aschenbecher voller Zigarrenstummel und der Asche, die danebengefallen war. Die fast gänzlich geleerte Weinflasche aus ihrem Vorrat. Das Glas mit den Fingerabdrücken und dem roten Bodensatz. Das Sofa mit den sonst so glatten Seidenkissen, die nun zerknitterte Gesichter hatten.

Sie trug den Aschenbecher in die Küche und öffnete das Fenster. Falls er bei ihr einzog, musste sie ihn dazu bringen, mit dem Zigarrenrauchen aufzuhören. Sie war froh über die Spuren, die er hinterlassen hatte, und suchte nach einer Nachricht über seinen Verbleib, fand aber keine. Sie nahm etwas zu essen aus der Tiefkühltruhe, wischte den Couchtisch ab und schüttelte die bekümmerten Kissen zurecht. Er war ein wunderbarer Mann, und sie liebte ihn.

Sie vermutete, dass er einen Spaziergang unternommen habe, weggegangen sei, um eine Besorgung zu machen, oder plötzlich Lust auf eine Pizza bekommen habe, und zögerte noch, das tiefgefrorene Essen aufzutauen. Sie stellte sich ans Fenster, konnte aber nur ein kurzes Stück ihrer Straße überblicken. Sie putzte die Pilze, briet sie und sah schon vor sich, wie hingerissen er sein würde, wenn ihm der Duft bereits in der Diele entgegenströmte. Schließlich kochte sie etwas zum Abendessen für sie beide, falls er doch noch Hunger haben sollte, aber er kam nicht, und sie selbst hatte keinen Appetit. Sie probierte alle Tricks aus, mit denen sie sich sonst die Zeit vertrieb, Kreuzworträtsel, Fernsehen und Stricken, konnte sich aber auf nichts konzentrieren. Mehrmals glaubte sie das Telefon klingeln zu hören und hob ab. Der Fahrstuhl fuhr nach oben, und obwohl sie das eigentlich nicht tun wollte, öffnete sie die Wohnungstür einen Spaltbreit. Sie rief in seinem Büro an, aber niemand ging ans Telefon. Schließlich saß sie einfach auf dem Sofa, genau dort, wo er gesessen hatte, und starrte auf die Uhr des Videorekorders, die ihre Zahlen ausspuckte. Sie hätte schwören können, dass nicht alle Minuten gleich lang waren.

Gegen Mitternacht holte sie tief Luft, um sich Mut zu machen. Sie hatte noch nie bei Karl zu Hause angerufen. Sie hatte Mühe, die Zahlen im Telefonbuch deutlich zu erkennen, offenbar war es allmählich Zeit für eine Lesebrille.

Seine Frau war am Telefon. Mit schriller Stimme bestätigte sie, Karl sei zu Hause, könne aber nicht ans Telefon kommen.

»Ich muss mit ihm sprechen«, sagte Anna-Bella ebenfalls mit Diskantstimme.

»Er lässt Ihnen ausrichten, dass Sie sich nichts mehr zu sagen hätten.«

In Anna-Bella blitzte ein Hass auf, der sie selbst überraschte, da sie so daran gewöhnt war, Mitleid mit Karls Frau zu haben.

»Sagen Sie ihm, er soll ans Telefon kommen«, schrie sie,

aber in diesem Augenblick knallte die Frau den Hörer auf die Gabel, und als sie wieder anrief, ging niemand dran.

Anna-Bella fühlte sich wie betäubt. Sie stand neben sich und wusste erst gar nicht, was sie fühlen und denken sollte. Sie stellte fest, dass sie überhaupt nichts empfand, und das verwirrte sie nur noch mehr. Ratlos ging sie eine Runde durch die Wohnung und dachte, dass einem Karls Frau wirklich leid tun konnte. Natürlich musste sie über das, was sie erfahren hatte, vollkommen außer sich sein. Anna-Bella wollte sich auch gar nicht mit ihr unterhalten, sondern mit Karl, dem Drecksack, der gefunden hatte, sie sei ein Wunder.

Die Wut flammte wieder in ihr auf, und sie griff zum Hörer, denn sie wollte es jetzt doch genau wissen. Schließlich hatte er sie am Vormittag angerufen und mitgeteilt, dass er sich trennen wolle. Sie ließ es lange klingeln, aber niemand hob ab, und da es bereits früher Morgen war, beschloss sie, zu Bett zu gehen und sich am nächsten Tag etwas einfallen zu lassen. Während sie sich auszog, horchte sie nach dem Telefon. Sie bewegte sich lautlos und kontrollierte noch einmal, dass der Hörer auch richtig auf der Gabel lag und dass das Klingeln auf laut gestellt war. Aber das Telefon blieb stumm, und sie begriff allmählich, dass es Karl ernst damit war, nicht zu ihr zu kommen.

Sie lag im Bett, ohne schlafen zu können. Der Gott des Schlafes ließ sie links liegen und hetzte ihr sogar die kleinen Teufelchen der Verzweiflung auf den Hals. Bilder entstanden in ihrem Kopf, die sich zu langen Sequenzen aneinanderreihten. Sie sah, wie Karl neben seiner ihm Angetrauten, die inzwischen nicht mehr weinte, ins Doppelbett kroch und wie sich ihr Verhältnis, das er als abgekühlt und zweckmäßig beschrieben hatte, plötzlich veränderte und sich durch die Leidenschaft und das Feuer auszeichnete, das bisher der Affäre mit Anna-Bella vorbehalten gewesen war.

In diesem Augenblick begann die Unbekannte in ihr zu wachsen. Bisher nur eine Handbreit groß, wuchs sie jetzt rasch, bis sie die normale Anna-Bella von früher gänzlich überwältigte. Verblüfft beobachtete sie, wie sich die andere Frau hellwach und unaufhaltsam ankleidete und sich vor dem Spiegel, in dem die Wangen so rot wie Feuer brannten und die Augen schwarz waren wie Kohlenstücke, die Haare kämmte.

Es war eine Nacht, wie sie sie sich nicht hätte vorstellen können. Sie umschloss sie immer mehr, ermöglichte ihr Unmögliches und verunmöglichte Mögliches. Die Dinge hatten sich mit Mächten verbündet, die sie nicht kannte und von denen sie nicht wusste, was sie beabsichtigten. Die Frau versuchte Anna-Bellas Auto anzulassen, aber der Schlüssel passte nicht ins Zündschloss. Sie drehte immer fester und immer ungeduldiger an ihm herum, aber der Schlüssel gab nicht nach und brach schließlich ab. Sie saß am Steuer, den abgebrochenen Schlüssel in der Hand, und der stecken gebliebene Bart ließ sich auch mit Zange und Schraubenzieher nicht entfernen. Die Hände der Frau zitterten. In ihrem Körper flammte es, als stünde sie nach Abschluss des Prozesses an einen Pfahl gefesselt auf einem soeben entzündeten Scheiterhaufen. Parfümdurchmischter Schweißgeruch erfüllte das Auto.

Die Unbekannte knallte die Tür des verräterischen Wagens zu und kehrte in die Wohnung zurück. Es hatte den Anschein, als könnte Anna-Bella sie dazu überreden, wieder zu Bett zu gehen, aber die Frau schöpfte neue Kräfte und rief ein Taxi.

Gemeinsam fuhren sie durch die Nacht, besser gesagt, ließen sie sich durch die Nacht fahren. Die Stadt suchte der Dunkelheit mit einem orangefarbenen Licht Einhalt zu gebieten, das alles verzerrte und verdrehte und nur noch erschreckender machte. Anna-Bella bezahlte das Taxi. Sie stand auf einem Wendeplatz in einer großen Reihenhaussiedlung. Verwirrt starrte sie die Unbekannte an, und einen schauerlichen Moment lang spürte sie, wie die Frau nahe daran war, aufzugeben und nach Hause zurückzukehren. Aber die blutunterlaufenen Rücklichter des Taxis entfernten sich bereits. Anna-Bella ging zögernd ein paar Schritte auf die erste Reihe eckiger Kästen zu, aber wusste kaum noch, was sie eigentlich in dieser Gegend zu suchen hatte.

Sie befand sich auf verbotenem Terrain. Die Fensterscheiben funkelten schwarz im bläulichweißen Schein der Straßenlaternen. Anna-Bella schien die einzige Person zu sein, die nicht ihren wohlverdienten, traumlosen Schlaf gefunden hatte. Sie stolperte weiter, als würde sie von irgendwelchen Mächten getrieben – von Haus zu Haus, von Reihe zu Reihe, von einem Giebel zum anderen, während sie nach einer Hausnummer unter Hunderten suchte.

Der Mond stand bereits niedrig und ruhte sich auf den Baumwipfeln aus. Die Siedlung wurde immer größer, je mehr sie herumirrte und sich ihren Grenzen näherte, wo die Büsche und Bäume begannen. Zwei Katzen fielen kreischend im Gebüsch übereinander her. Anna-Bella stand vor dem Haus jenes Mannes, der während eines halben Jahres ihre Freude und ihr Schmerz gewesen war und sie ausgerechnet dann hatte sitzen lassen, als er gesagt hatte, dass sie zusammenbleiben würden.

Da trat die andere wieder in den Vordergrund, holte tief

Luft und wurde immer größer. Im Haus schlief er im Doppelbett neben seiner Frau, aber Anna-Bella würde nie mehr schlafen können.

Die Unbekannte öffnete das Gartentor weit und trat auf den Plattenweg zwischen den beiden zwei mal zwei Meter großen Rasenstücken. Rasch und ohne zu zögern ging sie zur Tür und klingelte. Anna-Bella hörte, wie das Klingeln im Haus widerhallte, und lauschte auf Lärm, Stimmen oder Schritte, aber alles blieb still. Die Unbekannte drückte die Handfläche auf den Klingelknopf. Es klingelte ununterbrochen, aber es geschah nichts. Da nahm sie ihre Fäuste zu Hilfe und hämmerte an die geschmacklose Tür mit Intarsien und Vorsprüngen und einem protzigen Griff, den sie Karl gar nicht zugetraut hätte. Die Tür schluckte mehr Geräusche, als sie durchließ, und die Frau musste so fest klopfen, dass Anna-Bellas Hände schmerzten, während sich die Schimpfworte in ihrem Mund förmlich überschlugen.

Wo sie die Worte hernahm, wusste Anna-Bella nicht. Ihre Sprache war das nicht. Die Frau klopfte und zerrte am geschwungenen goldenen Türgriff. Sie zerrte und zog und brüllte das Haus an, den bleichgesichtigen Mond, der wie eine Pellkartoffel aussah, und alle Mächte, die sie in dieser Nacht umgaben. Aber das Haus schwieg, als wäre der Besitzer bereits alle die Tode gestorben, die ihm die Unbekannte an den Hals wünschte.

Die Frau sah sich nach Werkzeug um, um die Tür einzuschlagen, zu ihrem Geliebten vorzudringen und ihn an den Haaren nach Hause zu schleifen, ohne genau zu wissen, was sie dann mit ihm vorhatte. In ihrem Kopf gab es keinen Platz für normale Gedanken, sondern nur für etwas anderes, Mächtigeres, eine Verzauberung. Sie öffnete die Tür des

Geräteschuppens neben dem Gartentor, in dem sie eine Dose Farbe und Pinsel erwarteten.

Sie bemalte jede erreichbare Fläche mit Worten, die der Welt verkündeten, was für ein Drecksack und feiger Arsch in diesem Kasten südlich der Stadt wohnte. Die Farbe, die übrig blieb, schleuderte sie gegen seine messingbeschlagene Edelholztür. Dann verließ sie weinend den Kriegsschauplatz, ohne ihr Werk noch einmal näher in Augenschein zu nehmen.

Das leise Dröhnen der Autobahn jenseits des Waldes verriet, dass der Morgen nahte. Der Zeitungsbote bog in die Siedlung ein. Anna-Bella duckte sich hinter eine Spirea, und er ging an ihr vorbei, ohne sie zu bemerken. Weder ein Taxi noch eine Telefonzelle waren in Sicht. Sie lief durch die Häuserreihen, verließ dann die Siedlung, durchquerte eine andere und ging auf die Mietshäuser zu, die sich in ziemlicher Ferne zum Himmel emporstreckten. Dort fand sie einen Zug, der sie wieder ins Stadtzentrum brachte.

Jetzt war Anna-Bella allein. Sie kehrte in ihre Wohnung zurück, zog sich aus, kroch ins Bett und schlief sofort ein. Als es klingelte und jemand einen Schlüssel ins Schloss schob, schlief sie immer noch. Karl kniete sich neben ihr Bett und umarmte sie. Er strich ihr über den Rücken und über ihren Nacken und küsste sie dann zärtlich, besorgt und sehnsüchtig.

Viel später an diesem Tag oder auch schon am Abend, als sie sich in den Armen gehalten, getröstet, geredet und als erstes Abendessen in der gemeinsamen Wohnung in Butter gebratene Pfifferlinge gegessen hatten, sagte Karl: »Heute Nacht ist in meiner Häuserzeile etwas ganz Merkwürdiges geschehen. Ein Vandale hat das Haus von den Johanssons mit Obszönitäten beschmiert. Sie sind gerade auf den Kanaren. Es sieht aus wie ein Racheakt. Niemand kann es verstehen. Es gibt im ganzen Viertel keine netteren Leute.«

Anna-Bella trank ihr Rotweinglas aus und räumte den Tisch ab.

»Es gibt schon komische Leute«, meinte sie.

»Frau Forslund von gegenüber behauptet, sie hätte eine Verrückte im Garten der Johanssons gesehen. Eine weißhaarige Hexe, die heulte, schrie und herumraste. Aber die arme Alte hatte zu große Angst, um einzugreifen.«

Anna-Bella befühlte ihr Haar und nahm dann eine Strähne und betrachtete sie. Karl sagte immer, ihr Haar sehe aus wie schwedischer Roggen. Dann kann ich es also nicht gewesen sein, dachte sie.

Sie beugte sich vor und liebkoste Karls Nacken, und er drehte sich auf seinem Stuhl um und rieb seinen Kopf an ihrer Brust. Jetzt gehörten sie zusammen. Sie liebten sich. Aber hinter einer verschlossenen Tür in ihrem Inneren kauerte eine Unbekannte im Schein einer Kerze. Und mit einem Ausdruck, in dem alles enthalten war, betrachtete sie die kosende Hand, die sich in seinem Nacken zusammenkrallte, und in den liebevollen Worten schwang Groll mit.

»Ich bin so glücklich, dass du jetzt hier bist, und ich liebe, liebe, liebe dich«, sagte Anna-Bella. »Möchtest du einen Kaffee?«

ÅKE EDWARDSON

An ihre Freundin

Irgendwann musste man schließlich hingehen, nach ein paar Runden um den Würstchengrill und die Losbude. Man musste sich entscheiden und den Kurs aufnehmen. Manchmal kam einem jemand anders zuvor, und das war nicht das Schlechteste, vor allem dann nicht, wenn es jemand, den man kannte, mitkriegte. Die Lage abcheckte.

Einfach mit einem Achselzucken zurückgehen. Tja. Was soll man da schon machen.

Aber wenn man hinging ... und wie ohnmächtig etwas sagte und dann wartete, wie vor einer Hinrichtung.

Und dann die Antwort: »Nee. Ich warte auf meine Freundin.«

Die Festplätze im småländischen Hochland waren in der tiefen Augustdämmerung immer in allen Farben erleuchtet, eingerahmt von den bemalten Glühbirnen, die über den Stacheldraht geschlungen waren, der die Verzweifeltsten daran hindern sollte, sich heimlich Zugang zu verschaffen, aber die Verzweifeltsten schwangen sich im Schutz der größten Tannen hinüber, rissen sich Löcher in die Jacketts, und wenn man nicht aufpasste, fiel einem die mitgebrachte Flasche auf den Boden und gegen den Stein, der immer zur falschen Zeit am falschen Ort lag. Aber dann war man drin, und da waren die Mädchen, aber wir sagten nicht Mädchen, wir sagten Weiber zu allen, die nicht so waren wie wir. Weiber. Vielleicht war der Alkohol schon alle, aber dort innerhalb der Umrandung der Tanzfläche wartete eine stärkere Droge, eine schreckliche Droge mit lebenslänglicher Abhängigkeit.

Weiber. Und deren verdammte Freundinnen, die in einem solchen Fall kein bestimmtes Geschlecht mehr hatten, sondern ein seltsames Neutrum waren, das den Schmerz vertiefte und die Sehnsucht verstärkte. Die Freundin des Mädchens warf von allen Ecken des Festplatzes her lange Schatten. Wo war sie jetzt gerade? Gab es sie überhaupt?

Warum waren immer alle Freundinnen auf dem Klo?

»Können wir nicht … tanzen, bis sie zurückkommt?«

»Sie kommt jeden Moment.«

»Wir könnten doch … hier in der Nähe bleiben.«

»Was?«

»Wir müssen ja nicht so weit weg tanzen.«

Dann machte ich eine Geste in Richtung Tanzfläche, wo die Glücklichen sich schwungvoll bewegten, wie auf Wolken schwebten. Manchmal sah ich jemanden, den ich kannte und der die Gelegenheit ergriffen hatte, der eins von den Weibern im Arm hielt und sie vielleicht sogar zum Lachen brachte. Ich sah Bertil mit einem Weib vorbeistolpern. Er konnte definitiv nicht tanzen, und was machte er jetzt? Er tanzte und tanzte. Er führte, und sie folgte und sah gar nicht mal so aus, als habe er sie gegen ihren Willen entführt. In solchen Momenten konnte ich schrecklich neidisch werden. Ich war schließlich hübscher als Bertil und in diesem Augenblick auch noch nüchterner.

»Nee«, sagte sie.

»Was?«

»Ich warte auf meine Freundin«, wiederholte sie.

»Darf ich auch warten?«

»Was?«

»DARF ICH AUCH WARTEN?«, rief ich durch die Musik von Garvis' Showband.

Auf eine derart idiotische Frage gab es keine Antwort, und sie wusste das, und sie wusste, dass auch ich das wusste.

Ich saß auf der Bank, die ein Stück den Hügel hinauf zwischen der Tanzfläche und dem Eingang mit dem Drehkreuz stand. Die Gesichter der Leute, die hereinkamen, hatten von den Lampen blaue, rote und grüne Lichtflecken. Die Gerüche der Mädchen durchströmten die Luft, wenn sie vorübergegangen waren. Diese sanften Düfte verdrängten die Gerüche von anderem: Würstchen, Alkohol, Benzin, Tabak, Kaffee, Feuchtigkeit, Kotze, Angst.

Wenn ich aufgestanden und an den Zaun getreten wäre, hätte ich den Geruch vom Feld und vom See dahinter verspürt, aber ich blieb auf der Bank sitzen und sah den Mädchen nach, wie sie zur Tanzfläche gingen.

Diesmal wollte ich sehen, wie sie das machten. Was war ihre Methode? Welche Taktik hatten sie? Meine Sehnsucht sank zu einer Art Paranoia ab, was dadurch verstärkt wurde, dass sich die Zeit bis zur Damenwahl, zum letzten Tanz des Abends und schließlich zum Abgrund voranschlängelte.

Ich sah zwei Mädchen zu, die gerade hereingekommen waren und jetzt am Eingang zur Tanzfläche standen. Die eine war dunkel, die andere blond. Ich hatte ihre Gesichter gesehen, als sie vorbeigegangen waren. Beide waren süß, aber wenn ich eine von ihnen auffordern sollte, dann würde es die Dunkle sein, denn sie sah freundlicher aus.

Jetzt ging die Blonde zum Klo, oder zur Damentoilette, wie manch einer die Bruchbude nannte, die hinter dem Café im Wind wackelte.

Die Dunkle sah sich um und schien zu zögern. Dann ging sie zur Tanzfläche. Sie drehte sich noch einmal um, und ich sah ihr Gesicht. Sie sah immer noch nett aus.

Ein paar Meter links vom Eingang stellte sie sich hin und stand dann etwas allein da. Ich hielt nach der Blonden Ausschau, konnte sie aber nicht entdecken. Als ich wieder hinsah, ging gerade ein Junge auf die Dunkle zu und versuchte sie aufzufordern, doch sie schien den Kopf zu schütteln und etwas zu sagen.

Ich wusste, was sie sagte.

Der Typ zog sich auf sicheres Terrain zurück.

Jetzt konnte ich die Blonde am Eingang sehen. Sie ging zur Tanzfläche, wandte sich aber nach rechts und blieb schließlich ungefähr fünfzehn Meter von der Dunklen entfernt stehen. Ich konnte nicht erkennen, ob sie Blickkontakt hatten. Ein Junge kam auf die Blonde zu, und sie schüttelte den Kopf. Er trat den Rückzug zum Unterstand an.

Ich sah, wie die Dunkle wieder angesprochen wurde. Jetzt lachte sie. Der Typ sah aus wie einer, mit dem ich als Frau niemals ein Wort gewechselt hätte.

Sie tanzten.

Ich stand auf und ging hinunter zur Tanzfläche, wo die Blonde noch stand. Sie hatte gerade jemanden abblitzen lassen. Sie war süßer, als ich sie in Erinnerung hatte, sah deshalb aber nicht freundlicher aus. Plötzlich bekam ich es mit der Angst zu tun, aber jetzt war es zu spät. Ich hörte mich sagen: »Darf ich bitten?«

Sie betrachtete mich eingehend und sagte ja und nahm die

Hand, die ich ihr offensichtlich hingehalten hatte. Mit einem Gefühl der Verwunderung hielt ich sie im Arm und schob uns vor zu Garvis' Band. Vor dem zweiten Tanz fragte ich sie: »Wo ist deine Freundin?«

»Was sagst du?«

»Wartest du nicht auf deine Freundin?«

Sie lächelte, und Garvis sang weiter. Wir bewegten uns wieder. Sie antwortete nicht auf die Frage von diesem Idioten.

Nach dem zweiten Tanz gingen wir zurück zu der Stelle, wo sie vorher gestanden hatte, und ich nahm mir vor, sie wieder aufzufordern, aber erst etwas zu warten.

Als ich nach einer halben Stunde zurückkam, konnte ich sie nirgends mehr sehen, und die Dunkle auch nicht. Ich ging auf den Parkplatz hinaus, aber auch da war keine Spur von ihnen. Ich erkannte ihre Züge in all den Gesichtern, die rasch beleuchtet wurden, wenn die Autotüren auf- und zugemacht wurden. Einige kreischten in den Autos, und andere lachten. Manche saßen hier ganze Abende lang. Manchmal war ich einer von ihnen. Ich sah Bertil durch das Drehkreuz kommen, und er war allein.

»Ich habe dich tanzen sehen«, sagte er.

»Hast du sie gesehen?«, fragte ich. »Die Blonde, mit der ich getanzt habe?«

»Ich würde sie nicht wiedererkennen«, meinte er.

»Sie hatte eine dunkelhaarige Freundin«, sagte ich, und er lachte.

Wir saßen in Bertils Auto, das in der Nähe des Ausgangs geparkt war. Noch eine halbe Stunde bis zum letzten Tanz.

»Sie haben ein System«, sagte ich plötzlich.

Bertil erwiderte nichts, wartete.

»Sie teilen sich auf, stehen an unterschiedlichen Enden der Tanzfläche und schieben dann die Schuld auf die jeweils andere«, sagte ich.

»Und was ist dabei?«

»Wie, was ist dabei?«

»Klingt doch nach einem guten System.«

»Es ist nicht ... ehrlich«, entgegnete ich.

»Ach was.«

»Sie warten schließlich gar nicht auf ihre Freundin«, sagte ich. »Die kommt doch nie.«

»Irgendwann wird sie schon kommen«, meinte Bertil.

»Nicht so, wie sie behaupten. Man darf mit Gefühlen nicht so umspringen«, sagte ich.

»Hört, hört«, höhnte Bertil.

»Jungs sind auch Menschen«, gab ich zu bedenken.

Bertil antwortete nicht. Ich wusste nicht, ob er zuhörte.

»Verdammt, man denkt mehr an ihre Freundin als an sie selbst«, sagte ich nach einer Weile. »Hier geht es mehr um ihre Freundin als um sie.«

KJELL JOHANSSON

Eine Frage der Liebe

Und was, wenn ich die Zeitung verstecken würde, dachte sie, einfach sagen, dass sie nicht gekommen ist? Aber dann würde er sie auf dem Weg zur Arbeit kaufen. Er konnte nicht darauf verzichten, morgens die »DN« und abends »Aftonbladet«. Er darf es nicht sehen. Es muss einen Weg geben. Aber sosehr sie auch grübelte, es wollte ihr keine Lösung einfallen.

Sie setzte sich erneut an den Küchentisch, las zum vielleicht zehnten Mal den Artikel. Dann stand sie auf. Guter Gott, lass es ihn nicht sehen, dachte sie und ging ins Schlafzimmer, um ihren Mann zu wecken.

Er blätterte sich von der letzten Seite rückwärts durch die Zeitung. Der Sportteil, dachte sie, der gesegnete Sportteil! Und für einen Moment sah es so aus, als würde er dort hängen bleiben. Aber er überflog nur die Schlagzeilen, blätterte dann weiter. Erst auf Seite vierzig hielt er inne. Das war klar, dachte sie, das musste passieren, ich wusste es.

»Der Arzt und Psychoanalytiker Dag Notini beantwortet Leserfragen ...«

Er las.

Plötzlich blickte er auf. Er sah erstaunt aus, beinahe verlegen. Aber er sagte nichts. Lies ruhig weiter, dachte sie. Es gibt ohnehin nichts mehr zu tun. Alles ist zu spät. Warum hatte sie den Brief nur abgeschickt? Warum?

»Hast du das gelesen?«

»Soll ich noch etwas Kaffee holen?«, fragte sie, blieb aber sitzen, sah sich um. Dieselbe alte Küche. Und derselbe alte Kaffee. Und dasselbe alte Gesicht am Frühstückstisch. Sollte das Leben wirklich so sein? Musste es nicht irgendwo ein anderes Leben geben? War es zu spät, von vorn anzufangen? Das hatte sie sich gefragt. Schließlich hatte sie den Brief abgeschickt.

Wenn sie doch zumindest nicht die Angaben geändert hätte! Sicherheitshalber, hatte sie gedacht, und geschrieben: Kinderloses Paar Mitte vierzig.

Mittelschwedische Kleinstadt. Hausfrau. Ehemann Chef eines Unternehmens in der chemisch-technischen Branche. Viel gesellschaftlicher Umgang. Viel Repräsentation. Und dennoch …

»Dag Notini erhält Ihren Brief ungeöffnet, streicht und ändert die Angaben, die Rückschlüsse auf Ihre Identität erlauben könnten.« Durch eine Laune des Schicksals, durch ein vollkommen unwahrscheinliches Zusammentreffen hatte er ihre falschen Angaben geändert, sodass sie stimmten, ganz genau übereinstimmten.

Sie waren beide fünfundfünfzig, wohnten in einem älteren Stockholmer Vorort. Seit fünfundzwanzig Jahren arbeiteten sie in derselben Farbenfabrik. Zwei Kinder, ein Mädchen und ein Junge, beide schon ausgeflogen. Und der große gesellschaftliche Umgang war zurückgeschraubt worden. Überhaupt kein Umgang, bis auf ein Paar, das sie seit beinahe zwanzig Jahren kannten. Ja, dachte sie, im Sommer sind es zwanzig Jahre.

Plötzlich lachte er auf, nervös und unnatürlich, wie ihr schien.

»Na ja, das hier trifft wohl auf ziemlich viele Leute zu«, sagte er. Und fuhr fort, als müsse er etwas vor sich selbst rechtfertigen: »Vermutlich muss es so sein, sie ändern die Angaben, damit sie auf möglichst viele Leute zutreffen.« Er begriff nicht, dass es um sie ging! Oder? Versuchte er so zu tun, als habe er nichts bemerkt? Wie weit hatte er gelesen?

Sie rührte in der Kaffeetasse, die vierte an diesem Morgen. Wie schrecklich langsam er las. War es möglich, dass er es nicht begriff? Sie sah, wie die Kopfhaut unter seinem dünnen Haar hervorschimmerte. Doch, ganz sicher würde er es begreifen. Bald würde er alles verstehen. Wie grausam und ungerecht. Oder gerecht! Das war die Strafe. Er würde alles erfahren. Aber zu welchem Nutzen?

Im vergangenen Sommer hatte sie ihn betrogen. Mit einem hohen ausländischen Diplomaten, hatte sie geschrieben. In der großen firmeneigenen Sommervilla, wo sie alle mehr getrunken hatten, als gut gewesen war. Am Mittsommerabend, hatte sie geschrieben, aber auch diese Angabe war natürlich in das Krebsessen für vier Personen geändert worden, das es gewesen war. Sie hatte ihn mit dem Mann des Ehepaares betrogen, das sie seit zwanzig Jahren kannten.

Was für eine Angst sie gehabt hatte, dass alles auffliegen könnte. Wie furchtbar hatte sie sich noch lange danach dafür geschämt. Inzwischen war sie darüber hinweggekommen. Aber alles war grundsätzlich infrage gestellt worden, das war es. Ihr Leben. Arbeiten, essen, fernsehen, schlafen, Tag für Tag. Freitags etwas Besonderes zum Essen, »was Leckeres«. Samstags ab und zu die Kinder zu Besuch oder das einzige Paar, das sie kannten, aber mittlerweile nicht mehr so oft trafen. Woche für Woche, Jahr für Jahr.

Sie betrachtete ihn. Er hatte die Zeitung beiseite geschoben, sah abwesend aus dem Fenster. Jetzt weiß er alles, dachte sie und empfand plötzlich, aus unerklärlichen Gründen, eine große Zärtlichkeit. »Es ist bedauerlich«, sagte sie geradeheraus.

Er hörte sie nicht. Es ist nicht zu fassen, dachte er. Es stand doch da, dass alle Angaben, die Rückschlüsse auf die Identität des Absenders erlauben könnten, geändert würden. Sonst hätte ich den Brief nie eingesandt. Niemals! Und dann hatten sie nichts geändert außer dem Geschlecht der Personen! Wie verdammt durchschaubar!

»Der Mann kann einem leid tun, meine ich«, hörte er sie sagen. Er wandte seinen Blick vom Fenster ab und starrte sie an. Es war unglaublich! Verstand sie es nicht? War es möglich, dass sie nichts begriffen hatte? Er suchte nach Worten, saß schweigend da, dachte nach.

»Aber sie liebt ihn trotzdem, steht hier«, sagte er schließlich.

Ich liebe ihn trotzdem. Es flimmerte vor ihren Augen. Hatte sie das wirklich geschrieben? Oder hatte sie das auch abgeändert?

»Ich muss jetzt los«, sagte er und legte die Zeitung in den Putzschrank. »Sag mal, heute ist Freitag, heute Abend gibt es doch was Leckeres?«

Das hatte sie doch wohl nicht geändert?

»Ja, natürlich«, sagte sie, »ist doch klar.«

KATARINA MAZETTI

Verirrt

Man konnte ihr nichts Besonderes anmerken, überhaupt nicht. Ich meine, hätte ich stutzig werden sollen, nur weil sie sich nicht ihren Pullover ausziehen wollte? Der war übrigens so weit ausgeschnitten, dass ich ohnehin alles sah, was ich sehen wollte ... Und dass ihr Haar so lang und dick war, brachte natürlich auch nicht gerade meine Alarmglocken zum Klingeln. Nein, kommt bloß nicht an und behauptet, ich hätte etwas merken müssen! Im Nachhinein ist man immer schlauer. Und selbst wenn ihr mich im Vorfeld gewarnt hättet, hätte ich euch nicht geglaubt!

Ich trainierte schon im fünften Jahr, um am großen Fünftagelauf »O-ringen« teilzunehmen. Ich bin ein einigermaßen guter Orientierungsläufer, schnell und auf sicheren Füßen dank meiner neuen Silva-Dobbspikes-Schuhe. Meine große Schwäche ist das Kartenlesen. Ich weiß nicht, wie viele Male es mir passiert ist, dass ich das Kompassgehäuse auf den Kopf gedreht und damit den Gegenkurs eingeschlagen habe und in die vollkommen falsche Richtung losgelaufen bin. Oder ich presche davon, eifrig wie ein Jagdhund, der die Witterung eines Kaninchens aufgenommen hat – ohne diesen notwendigen Überblick zu haben, wo auf der Karte ich mich befinde. Ich komme erst wieder zur Besinnung, wenn ich mitten in einem Sumpf stehe, der laut meiner schlampigen Kartenlektüre ein stabiler Acker hätte sein müssen. Ich falle Felswände hinunter, wo sich Bebauung hätte befinden sollen, ich gelange an Bäche, die Wege hätten sein müssen, und einmal glaubte ich, dass ich den Kontrollposten sehen würde, sobald ich den Waldrand verließe. Stattdessen lag dort ein großer Binnensee, den es auf meiner Karte überhaupt nicht gab!

Ich bin Mitglied in einem Verein in Norrträsk, der »Orientierungsklub Geschwind wie der Wind« heißt, abgekürzt »OK Geschwind«. Unser Logo sind drei wogende Striche, die den Wind darstellen sollen. Da wir uns in Norrland befinden, ist unsere Orientierungslaufsaison ziemlich kurz, und wir nutzen jede Gelegenheit, Bahnen zu legen und zu trainieren.

Im Dorf Norrträsk gibt es die Tradition, am Vormittag des Mittsommerabends einen Wettlauf zu veranstalten, bevor der Tanz um den Maibaum losbricht. Vermutlich wurde diese Tradition von ein paar Kerlen begründet, die keine Lust hatten, bei den Festvorbereitungen für die Mittsommerfeier mitzuhelfen. Während ihre Frauen und Kinder Blumen pflückten und den Maibaum schmückten, Erdbeertorten buken, neue Kartoffeln kochten und lange Tafeln deckten, liefen die Männer unbekümmert im Wald herum und suchten die Kontrollposten. Danach hatten sie gerade noch genug Zeit, um zu duschen, am Festplatz aufzutauchen und mit großem Tamtam den Maibaum aufzustellen, während sie herumprahlten, dass es ohne starke Kerle eben keine Mittsommerfeier gebe! Ihre Frauen warfen ihnen verärgerte Seitenblicke zu und packten die wohlgefüllten Körbe mit frisch gebackenem Kuchen aus.

In diesem Jahr hatte ich den Mittsommerorientierungslauf verpasst, ich hatte bei der Arbeit etwas Dringendes abzuschließen. Sehr ärgerlich, denn ich brauchte jedes Training, das ich bekommen konnte – ich hatte mir fest vorgenommen, mindestens eine Etappe im diesjährigen »O-ringen« zu schaffen. Den ganzen Nachmittag grübelte ich herum, während ich mir Hering und Schnaps einverleibte und zum Lied von den kleinen Fröschen um den Maibaum hopste und am Sackhüpfen teilnahm. Es wurde Abend, das Fest ging in Paartanz und allgemeines Singen über, und die Flachmänner kamen zum Vorschein. Ausnahmsweise war gutes Wetter, die Sonne schien, und plötzlich hatte ich eine Idee. Ich ging zum Vereinsvorsitzenden unseres Orientierungsklubs.

»Habt ihr nach dem Lauf heute früh die Schirme schon eingesammelt, Gunnar?«

»Wie hätten wir das denn schaffen sollen! Da hätten wir doch das Fest verpasst. Das machen wir morgen früh. Warum, hast du vor, jetzt noch eine Runde zu laufen?«

»Ganz genau. Es wird ohnehin nicht viel dunkler als jetzt, und dann wird es ja wieder hell!«

»Heiliger Strohsack! Du weißt doch, dass du dich bei so ungefähr jedem fünften Lauf total verirrst, mindestens! Und was glaubst du denn, wer dich wieder aufsammelt, wenn du stolperst und dir den Fuß brichst und mit der Nase im Preiselbeerreisig liegen bleibst? Nee, komm lieber her und genehmige dir noch einen!«

Er winkte mit seinem Flachmann und versuchte den Arm um mich zu legen, aber er war zu wackelig auf den Beinen. Es gelang mir, ihn abzuschütteln und ihm außerdem noch eine Karte mit der heutigen Bahn abzuluchsen, auf der alle Posten eingezeichnet waren. Dann machte ich mich diskret auf den Heimweg, zog meinen Trainingsanzug und die Schienbeinschützer an, griff nach dem Kompass und der Kartentasche und ging zum Start.

Ich wärmte mich mit ein paar Übungen auf, drückte meine Stoppuhr und lief los.

Die ersten Kilometer klappte alles wie am Schnürchen. Ich las Höhenlinien, stapfte durch Feuchtgebiete, querte Kahlschläge und hielt dabei ein hohes Tempo. Dort! Hinter einem Stein tauchte der orange-weiße Schirm des dritten Kontrollpostens auf. Ich wandte den Rücken zum Stein und nahm Kurs auf den vierten Posten. Es war gegen zehn Uhr abends, die Sonne stand jetzt tief und stach mir in die Augen, während ich Richtung Westen weiterpreschte. Vielleicht war das der Grund, weshalb ich die Orientierung verlor. Oder war ich an dem steilen Abhang vom Kurs abgekommen, an dem ich eben entlanggelaufen war? Plötzlich ging mir auf, dass ich nicht den blassesten Schimmer hatte, wo ich mich befand. Hier hätte ein Forstweg verlaufen müssen, aber alles, was ich sah, war ein sumpfiges Moor. Die Mücken fraßen mich gerade auf, obwohl ich mich vom Scheitel bis zur Sohle eingeschmiert hatte. Verdammt noch mal!

Ich blieb schwer keuchend stehen und sah mich um. Es waren keine menschlichen Laute zu hören, keine einzige Straße in der Nähe – aber irgendwo rief einsam der Große Brachvogel, es knackte und knarrte in den Tannen, und kleine Tiere prasselten durch Moos und Blaubeerreisig. Alles fühlte sich unwirklich an. Die Milchsäure piekste in meinen Beinen, und ich zog ergeben mein Handy aus der Tasche. Dann mussten sie wohl nach mir suchen!

»Kein Netzempfang!«, blinkte das Display höhnisch. Ich seufzte tief und hob den Blick.

Da entdeckte ich sie. Sie lehnte sich gegen einen Birkenstamm, und die schrägen Sonnenstrahlen leuchteten durch ihre dicken, fuchsroten Haare und machten sie goldfleckig. Ihr Pullover war moosgrün, und der Rock, der ihre wunderschön geformten, braungebrannten Beine umhüllte, war aus irgendeinem braunen, samtähnlichen Material. In ihren Ohrläppchen hingen Perlen, die an Tautropfen erinnerten. Sie war die schönste Frau, die ich je gesehen hatte, und einen kurzen Augenblick kam sie mir fast unwirklich vor. Ich hatte sie nicht kommen hören, und sie sagte nichts, lächelte mich nur an. Irgendwie erwartungsvoll.

»Ent... Entschuldigung ...?«, stotterte ich dümmlich.

»Ja?«, sagte sie. Ihre Stimme war tief und weich.

»Weißt du womöglich ... wer ... wo ... wie ...?«, brachte ich hervor. Dann verstummte ich.

Sie seufzte etwas, beugte sich vor und begann an einem Mückenstich auf ihrem Spann zu kratzen. Ihre Brüste in dem tiefen Ausschnitt waren braun, als hätte sie sich nackt gesonnt. Ich sah sogar eine rosa Brustwarze hervorschimmern, und auf einmal befiel mich eine gewaltige Lust, sie zwischen meinen Fingern zu spüren.

Der Kompass fiel lautlos ins Moos. Sie lächelte.

»Wer ich bin? Wo du bist? Wie du von hier wegkommst?«, sagte sie mit einem Lachen in der Stimme.

»Genau«, murmelte ich.

»Du brauchst gar nicht zu wissen, wer ich bin. Ich wohne nicht weit von hier. Du bist ungefähr sieben Kilometer westlich von Norrträsk, und ich kann dir erzählen, wie du dort hinkommst«, sagte sie. »Hast du es eilig?«, fügte sie hinzu, klimperte mit den langen Wimpern und sah dann unter halb geschlossenen Augenlidern zu mir auf. Sie flirtete mit mir!

»Nein, nicht gerade ... eilig«, sagte ich und ging ein paar Schritte auf sie zu.

Man könnte meinen, dass eine schöne Frau, die mitten in der Nacht in einem einsamen Waldgebiet einem verschwitzten hulkartigen Kerl begegnet, einen vorsichtigen Schritt rückwärts machen und zumindest einen Baumstamm zwischen sich und ihn bringen würde. Doch diese Dame keineswegs! Stattdessen ging sie mir entgegen, mit graziös gleitenden Schritten. Ganz dicht kam sie an mich heran und legte eine braungebrannte, schmale Hand auf meine Brusttasche mit dem Vereinslogo.

»Geschwind?«, meinte sie. »Nicht zu geschwind, hoffe ich! Ich mag Männer, die sich viel Zeit nehmen ...«

Mein Gott! Es konnte kein Zweifel darüber bestehen, was sie meinte. Ihre graugrünen Augen fixierten meine Unterlippe, und sie kam noch ein bisschen näher. Sie duftete wie eine Weiße Waldhyazinthe.

Mir fiel es schwer stehenzubleiben. Es zuckte nervös in meinen Füßen, als wollten sie einfach davonlaufen. Ich war es nicht gewohnt, dass Frauen einen völlig ungeniert anmachten, zumindest nicht in nüchternem Zustand. Und sie roch nicht nach Alkohol, nur ein leichter Duft nach Minze kam über ihre vollen Lippen. Meine Hand erhob sich von selbst, der Zeigefinger strich über ihre Unterlippe. Sie sog rasch die Fingerspitze in ihren Mund, saugte und knabberte mit kleinen spitzen Zähnen daran.

»Ich habe es überhaupt nicht eilig ...«, murmelte ich und begrub meine Nase in ihren Haaren.

Von diesem Moment an habe ich Gedächtnislücken, als sei ein betäubender Dampf aus ihren dicken, roten Locken emporgestiegen. Aber ich weiß, dass sie es die ganze Zeit war, die beim Tanz führte, die die Initiative ergriff, die mir lachend den Gürtel mit den Wasserflaschen abnahm, der unsere Körper trennte. Sie warf ihn sich über die Schulter und begann meine Trainingsjacke nach hinten über meine Schultern zu ziehen. Plötzlich spürte ich, wie sie die Ärmel hinter mir zusammenknotete und damit meine Hände auf dem Rücken fesselte.

Dann ging sie vor mir auf die Knie und nahm mich mit, schubste mich ins Moos, der Länge nach auf den Rücken. Ich hatte das Gefühl, als sei sie sehr stark, aber ich glaube auch nicht, dass ich sonderlich viel Widerstand leistete. Ich weiß nur noch, dass ich ein bisschen wimmerte und ihre Brüste mit meinem Mund zu erreichen versuchte. In einer einzigen schnellen Bewegung zog sie meine Trainingshose hinunter und setzte sich rittlings auf mich. Ich sank in sie hinein, oder sie in mich, und ihr Samtrock wogte um uns herum. Und dann beugte sie sich nach vorn und ließ ihre Brüste aus dem Ausschnitt fallen und aufreizend an meinen Lippen vorbeistreichen, bis es mir gelang, eine Brustwarze im Mund zu fangen. Eine Walderdbeere. Ich schloss die Augen.

Ich habe nicht die geringste Ahnung, wie lange wir uns liebten, aber ich erinnere mich, dass sich währenddessen das kurze Nachtdunkel hinabsenkte und wieder verflüchtigte, ehe sie mit einem langen, tiefen, zufriedenen Seufzer auf meine Brust niedersank und verspielt nach meinem Ohrläppchen schnappte.

»Mag sein, dass du beim Orientierungslauf nicht gerade eine Leuchte bist«, sagte sie. »Aber für so was taugst du richtig gut.«

Ich versuchte etwas zu entgegnen, aber sie legte ihren Finger auf meinen Mund. Das tat weh, sie hatte mir in die

Lippe gebissen. In einer einzigen geschmeidigen Bewegung erhob sie sich, ließ den Rocksaum auf ihre Waden hinabfallen und zog die Finger durch ihre dicken Haare. Einen kurzen Moment fühlte ich mich richtig lächerlich. Meine Arme waren noch immer gefesselt, die Hose hing in den Kniekehlen, und ich fror.

Sie warf mir einen rätselhaften Blick zu, war er boshaft triumphierend oder nur zufrieden, wie der einer Katze, die Schlagsahne bekommen hat? Nur einen ganz kurzen Moment, dann beugte sie sich unter leisem Lachen vor und zog mich auf die Füße. Sie entließ mich aus der Jacke, und ich durfte mir wieder die Hose hochziehen. Während ich meine Kleider richtete, wieder meinen Wassergürtel anlegte und mir Kartentasche und Kompass um den Hals hängte, begann sie rückwärts übers Moos zu gehen, so sicher, als hätte sie Augen im Nacken, während sie die ganze Zeit den Blick auf mich heftete.

Ich schaute auf und bemerkte, dass sie sich davonmachte.

»Warte! Du musst mir den Weg zeigen! Und ich muss dich unbedingt wiedersehen …«, sagte ich und begann ihr zu folgen, aber sie hielt befehlend die Handfläche in die Höhe. Dann zeigte sie mit dem Finger.

»Dort drüben, etwa fünfhundert Meter von hier, beginnt ein Waldpfad«, sagte sie. »Folge ihm ungefähr drei Kilometer. Dann bist du an der Landstraße. Dort musst du nach rechts gehen. Du bist in etwa einer Stunde in Norrträsk.«

»Aber … wo finde ich dich …?«

»Du wirst wohl nach mir suchen müssen!«, kicherte sie. Dann war sie verschwunden.

Ich weiß nicht mehr so recht, wie ich schließlich nach Hause kam. Ich war erst am darauffolgenden Tag wieder ganz bei Sinnen. In der Brusttasche meiner Trainingsjacke fand ich eine verwelkte Waldhyazinthe.

Seitdem ist nichts mehr wie früher.

Erst war da die Sache mit Helen. Okay, es ist nicht die große Leidenschaft, wir kennen uns seit der Gymnasialzeit, aber wir fühlen uns wohl miteinander, und wir hatten sogar geplant, im Herbst zusammenzuziehen und zu heiraten. Wir haben schon eine Eigentumswohnung gekauft und Möbel im Ikea-Katalog ausgesucht.

Am Mittsommertag kam sie mit einer Flasche Wein zu mir nach Hause und begann mit mir auf dem Sofa zu kuscheln. Ich erzählte etwas von Kopfschmerzen und Muskelzerrungen und Kater und ich weiß nicht was noch. Alles, woran ich denken konnte, waren schwere rote Locken und ein Duft nach Waldhyazinthe …

Vielleicht gar nicht so erstaunlich. Ich war ja wirklich ziemlich fertig! Aber das Erschreckende daran ist, dass es nicht besser geworden ist.

Ich kann einfach nicht mehr. Helen ist unglücklich und will, dass wir uns an die Sexberatung einer Zeitung wenden.

Eines Abends in der Kneipe erzählte ich Gunnar die ganze Geschichte. Er hatte schon vier große Bier versenkt und lachte, dass der Schaum nur so spritzte.

»Dann bist du wohl der Waldfrau begegnet!«, prustete er. »Du weißt, sie ist total scharf auf die Kerle, die sie im Wald findet! Und dann ist es gelaufen, denn sie lässt nicht locker, und die Männer, die sich auf sie eingelassen haben, kriegen es dann mit ihrer Frau zu Hause nicht mehr gebacken! Da hilft kein Viagra! Versuch's mal mit Seidelbast und Hexenkraut, mein Junge! Hast du eigentlich ihren Rücken gesehen?«

»Wieso den Rücken?«

»Er ist hohl wie ein alter Baum. Daran erkennt man sie. Außerdem hat sie spitze Ohren und einen Fuchsschwanz! Aber den hättest du ja bemerkt, als du da unten bei ihr zugange warst ... hähähä!«

Gunnar schreibt kleine Artikel über alten Volksglauben in der Lokalzeitung. Er nutzt jede Gelegenheit, seine Kenntnisse an den Mann zu bringen.

Im Juli packte ich die Tasche mit meiner Ausrüstung und erzählte Helen, dass ich zum Fünftagelauf fahren würde. Sie begleitete mich zum Überlandbus und umarmte mich fest. Ich stieg am nächsten Busbahnhof aus und mietete mir einen Wagen. Dann fuhr ich zu einem Wald ungefähr sieben Kilometer westlich von Norrträsk, wo ich fünf Tage lang herumstapfte, im Zelt wohnte und mit meinem Trangiakocher gefriergetrocknetes Essen zubereitete. Aber ich sah niemals auch nur die leiseste Spur der Rothaarigen. Ich wusste ja nicht einmal, welchen Namen ich rufen sollte!

Wenn meine Angehörigen oder Helen davon erführen, dann würden sie dafür sorgen, dass ich irgendwo zwangseingewiesen werde.

Wer war sie? Ich habe meine Karten genau studiert. Es gibt keine Bebauung in dieser Waldpartie, aber ein paar Kilometer entfernt liegen einige Sommerhäuser. Sie war nicht gerade sportlich oder outdoormäßig gekleidet – war sie bei einem Fest in einem dieser Häuschen zu Gast gewesen und hatte sich verlaufen? Wohnte sie vielleicht auf dem Zeltplatz, der weiter unten an der Küste liegt? War sie eine verheiratete Frau, die zu Hause nicht genug bekam?

Helen wartete am Busbahnhof, als ich zurückkam. Sie hatte schon die Ergebnisse des »O-ringen« im Internet nachgesehen und begriffen, dass ich gar nicht dort gewesen war. Sie gab mir nur den Ring zurück, blass und verbissen.

Heute ist mir plötzlich aufgegangen, dass mich sechs von meinen letzten sieben Trainingsrunden in ein Waldgebiet sieben Kilometer westlich von Norrträsk geführt haben.

Den Pullover hatte sie nicht ausgezogen, dachte ich. Ich habe auch nicht gesehen, was sie unter ihrem Samtrock hatte, und die Haare bedeckten ihre Ohren.

Ich lächelte vor mich hin und nahm mir vor, ihr zu erzählen, dass ich sie für die Waldfrau höchstpersönlich gehalten hätte – falls ich ihr jemals wieder begegne. Und dann werde ich mit den Händen über ihren glatten, weichen, sterblichen Frauenrücken streichen, und wir werden gemeinsam darüber lachen.

Den Rücken, den ich niemals streicheln durfte, weil sie meine Arme gefesselt hatte …

LEVI HENRIKSEN

Die Schwestern Bergkvist

Momentan habe ich viel Zeit, und da habe ich mir meine Gedanken über den König und die Königin gemacht. Damals waren sie wohl noch Kronprinz und Kronprinzessin, aber was, wenn sie beim zweiten Versuch keinen Sohn bekommen hätten? Hätten sie dann einfach weitermachen müssen, denn wir brauchten doch einen Knaben, einen zukünftigen König, nicht wahr? Stellt euch die Kronprinzessin nach der achten Geburt vor, oder nach der achten Tochter, dann hätte sie ganz schön erschöpft ausgesehen.

So erging es jedenfalls Ellen. Ellen Bergkvist, der Frau von Schrott-Willy. Normalerweise gehen Frauen, die zu viele Kinder bekommen, eher in die Breite. Es fällt ihnen von Mal zu Mal schwerer, die zusätzlichen Kilos loszuwerden. Aber bei Ellen war genau das Gegenteil der Fall. Am Ende sah sie aus wie ihr eigenes Röntgenbild. Ein Haufen Knochen, um den ein wenig schwarzer Stoff gewickelt war. Ehrenwort! Wenn sie sich hinter eine normal dicke Fichte gestellt hätte, wäre sie nicht zu sehen gewesen.

Rakel kam im Juli 1973 auf die Welt, Leah im April 1974, Sara im Februar 1975, Maria im Mai 1976 und Rebekka im Dezember 1977. Dann vergingen einige Jahre, bei Willy und Ellen kamen keine weiteren Kinder, und die Leute in Skogli atmeten, was Ellen betraf, schon erleichtert auf. Da hatte

Willy doch endlich Vernunft angenommen und begriffen, dass es eben so ist: Manche Frauen bekommen nur Mädchen – oder nur Jungen.

Als ich dann älter wurde, hörte ich die Männer damit protzen, dass nur die guten Liebhaber Töchter zeugen. Wenn schlicht und unkompliziert dasselbe ist wie gut, ja, dann kann das möglicherweise die Erklärung für Ellens und Willys Töchterschar sein. Ich war gerade zwölf geworden – das war Anfang Juni –, und mein Vater schickte mich zu Schrott-Willy, um zu fragen, ob er wohl eine Lichtmaschine für unseren Volvo 142 hätte. Ich nahm die Abkürzung an der Bahnlinie und kletterte über den Zaun hinter der stillgelegten Skifabrik, die Willy Bergkvist gekauft und in Werkstatt und Schrottplatz verwandelt hatte. Verwandelt ist übrigens ein schlechter Ausdruck, denn draußen hatte Willy nichts anderes gemacht, als alle Autowracks abzuladen, die bisher bei seinem Wohnhaus aufgestapelt gewesen waren. Und der Sommer '79 war das erste Jahr – in meinem ganzen Leben –, in dem das Erdgeschoss vom Haus der Familie Bergkvist zu sehen war. Ihr kennt sicher Bilder von hohen Bergen, wo die Wolken wie ein Haarkranz den Gipfel umgeben, und genauso verhielt es sich mit Schrott-Willys Haus, nur dass die Wolken in seinem Fall den Fuß des Berges umlagerten. Als die Mädchen und ich älter wurden, wünschte ich mir, die Autowracks wären stehen geblieben, aber jetzt greife ich den Ereignissen ein wenig vor. Ich wollte schließlich von der Lichtmaschine erzählen.

Hinter der Fabrik lagen drei große Schachtringe aus Beton auf dem Boden. Sie befanden sich seit vielen Jahren dort, und wir Kinder spielten oft darin. Die Betonteile lagen nebeneinander wie drei olympische Ringe, und an diesem Tag war ich gerade in den mittleren gekrochen, als ich Willy und Ellen dicht vor mir bei einem verrosteten Ford Anglia entdeckte. Willy stieß Ellen ein Stück von sich weg, wie im Fernsehkrimi, und sie blieb mit gespreizten Beinen und den Händen auf der Motorhaube stehen. Dann hob Willy ihren langen Rock hoch, bis er aussah wie ein umgestülpter Regenschirm. Er machte sich nur kurz an seinem Reißverschluss zu schaffen, dann ging es los.

Seine Bewegungen erinnerten mich an meinen Opa auf dem Fahrrad. Weil seine Knie und Knöchel etwas steif waren, fiel es ihm schwer, sich richtig auf dem Sitz niederzulassen. Und dann konnte er nur noch geradeaus strampeln. So war das auch mit Schrott-Willy. Ein paar Stöße, dann zog er einen Bausch Putzwolle aus der Hosentasche und wischte sich ab, ehe er den Rock seiner Frau wieder sinken ließ. Was mich dabei besonders beeindruckte, war weder die Mechanik der ganzen Sache noch, wie schnell es ging oder dass sie keine Unterhose trug. Nein, am besten kann ich mich an Ellens Beine erinnern. Sie hatten die gleiche Farbe wie eine Birke im Frühling. Ihr wisst schon, ehe der Schnee geschmolzen ist, wenn Staub und Pollen den Stamm noch nicht verdreckt haben und er so weiß leuchtet, dass man die Augen niederschlagen muss, wenn die Sonne auf die Rinde trifft.

Ellen Bergkvist trug immer lange Röcke und weite Anoraks, als wolle sie möglichst viel von sich verstecken. Sicher hatte ich deshalb solche Distanz zu dem, was ich hier sah. Ich hatte schon angefangen, mir erotische Phantasien über die Mütter mehrerer Jungen aus meiner Klasse zu machen, und diese Offenbarung nackter Frauenhaut hätte meine Hand zum Hosenschlitz führen müssen. Aber ich konnte angesichts von Ellen Bergkvist keinerlei Erregung verspüren, obwohl sie die erste Frau war, die ich nackt sah oder zumindest teilweise nackt.

Ich weiß nicht mehr, ob ich damals eine Lichtmaschine für den Volvo kaufen konnte, und ich weiß nicht, ob Ellen bei dieser Gelegenheit wieder schwanger wurde, aber jedenfalls wurde Anfang März 1980 Naomi geboren. Die Leute redeten darüber, dass Ellen hoffentlich Kieselsteine in ihre Gummistiefel legte, wenn sie im reißenden Wind unterwegs war, damit sie nicht weggeweht würde. Rock und Jacke blähten sich wie ein abgerissenes Segel um ihren Körper, und an sonnigen Tagen hing ihr Schatten hinter ihr wie ein Kuhschwanz. In Skogli schlugen einige von der Frauenbewegung infizierte Seelen eine Unterschriftenkampagne gegen Schrott-Willy vor, aber was sollten sie fordern? Die Unterschriftenkampagne kam meines Wissens deshalb nie über das Planungsstadium hinaus. Feminismus interessierte damals erst wenige, und die meisten Leute in Skogli hielten Frauen, die am 8. März demonstrierten, für unsolide Weiber. Was Willy anging, so tat er ja nichts Verbotenes, ganz im Gegenteil, er hielt sich an seine Ehefrau, und niemand glaubte, dass er Gewalt anwandte, auch wenn er manchmal ein wenig zu hartnäckig sein konnte.

Das Einfachste wäre natürlich gewesen, wenn die Leute nicht mehr hingefahren wären, aber obwohl einige aus Skogli Willy für ein Schwein hielten, war er doch gleichzeitig schneller, billiger und zumeist auch besser als die Automechaniker in Kongsvinger. Also konnte Schrott-Willy weiterhin Kupplungen austauschen, Kabel wechseln, Beulen entfernen und Auspuffanlagen erneuern, während er die ganze Zeit davon träumte, dem Schild über der Eingangstür ein »& Sohn« hinzufügen zu können.

Mit den Zwillingen Ruth und Esther, die im April ’81 geboren wurden, erledigte sich die Sache von selbst. Ellen erholte sich nie wieder davon. Nicht, dass sie noch dünner oder kränklicher gewirkt hätte als in den vergangenen Jahren, aber sie fing an, Selbstgespräche zu führen, wenn sie auf der Straße unterwegs war. Wenn jemand sie ansprach und wissen wollte, wie es ihr ging, dann sang Ellen oft »Welcher Freund ist uns doch Jesus«, »Mein kleines Licht« und andere Lieder.

Und dann, am Tag vor Mittsommer, war sie einfach verschwunden. Als Schrott-Willy vom Geschrei der Zwillinge geweckt wurde, war ihre Seite des Bettes leer, und das blieb sie, bis der Krebsfang begann. Danach natürlich auch, aber da brauchte Willy sich zumindest nicht mehr den Kopf darüber zu zerbrechen, was aus Ellen geworden sein mochte. Zwei Jungen aus Overgrenda fanden sie im tiefsten Kolk des Baklengselv. Sie hatte sich um jeden Knöchel zwei Felgen gebunden und sich an einer alten Vorgelegewelle eines Volvo mehr oder weniger selbst gekreuzigt.

Es ging das Gerücht, Schrott-Willy habe die Felgen vom Rost befreit und sie für fünfzig Kronen das Stück verkauft. Ich glaube nicht, dass das stimmt, aber jedenfalls arbeitete er danach nicht weniger. In der ersten Zeit, nachdem man Ellen gefunden hatte, kam mir jeder Schlag mit seinem großen Hammer als ein Versuch vor, seinen Schmerz platt zu hauen.

In diesem Winter kam die erste Haushälterin zu Bergkvists, aber sie blieb nur zwei Monate, und so ging es weiter. Ich weiß nicht, ob es an Willys Bedürfnissen lag, die unvermindert stark waren, ob es nur die Gewohnheit war oder ob er noch immer davon träumte, den Zusatz auf das Schild über seiner Eingangstür malen zu können. Jedenfalls hob er denen, die ihm bei den Mädchen helfen sollten, weiterhin Kleider und Röcke hoch, ich glaube aber nicht, dass er oft Verwendung für seine Putzwolle hatte. Nordnorwegerinnen und Frauen aus Kongsvinger, zwei Schwedinnen und sogar eine Polin, alte wie junge, konnten sich in Skoglis Alltag nie richtig bemerkbar machen, ehe sie auch schon wieder verschwunden waren. Als die Töchter heranwuchsen und die Älteste schließlich groß genug war, um sich um die Jüngsten zu kümmern, stellte Schrott-Willy keine weiteren Haushälterinnen mehr ein, und so begannen meine Probleme oder, genauer gesagt, die Anfänge meiner Probleme.

Wie viele andere Jungen aus dem Wald entschied ich mich für die See. Eigentlich ist der Unterschied ja nicht so groß, man hat dasselbe wogende Gefühl. Das Gefühl, klein zu sein, ist auch dasselbe, egal, ob man erlebt, wie der Herbststurm einer schäumenden Welle gleich durch den Wald fegt, oder ob man haushohe Wellen wie umstürzende Bäume auf das Deck knallen sieht. Aber natürlich gibt es auf See stärkere Unwetter – und häufiger.

Ich glaube, deshalb zieht es die alten Seeleute von Skogli zum Wasser. Ehe auf dem Baklengselv das Eis schmilzt und wenn die Fahrrinne im Flyktningsee noch nicht größer ist als eine Badewanne, sieht man sie schon in ihren Autos sitzen und nach Anzeichen für den Frühling Ausschau halten. Wenn die Sonne dann stärker wird und das Eis brüchig, tragen sie ihre Liegestühle aus dem Haus, wickeln sich in ihre allerdicksten Jacken und setzen sich gemütlich zurecht, die Thermoskanne wie einen länglichen Kompass auf den Knien. Im Sommer suchen sie ihre geblümten Badehosen heraus, die seit ihrer Anschaffung schon mehrmals aus der Mode geraten und wieder modern geworden sind. Dann sitzen sie stundenlang im Schatten unter den Tannen und schauen düster unter Schirmmützen hervor, auf denen die Namen von Kleinstädten in den USA stehen, von denen nur Seeleute gehört haben. Aber niemals findet man sie direkt am Wasser und erst recht nicht auf dem Wasser selbst. Die alten Seeleute erinnern mich ein wenig an Graaten. Seit er mit dem Trinken aufgehört hatte, erschien er jeden Freitag im Rådhuskro in Kongsvinger und bestellte einen doppelten Whisky. Ab und zu dauerte es nur eine Viertelstunde, oft aber eine ganze und manchmal auch zwei, bis Graaten sich an dem Glas stark genug gestarrt hatte, um nicht zu trinken. Eines Freitags ließ er sich dann nicht blicken. Er hinterließ keinen Abschiedsbrief.

Ich selbst ging ungefähr zu dem Zeitpunkt zur See, als der norwegischen Seefahrt die Luft auszugehen begann, zumindest dem Teil, der mit norwegischen Seeleuten zu tun hatte. Ich brachte es nur auf zwei Touren und einige Tätowierungen, von denen ich glücklicherweise nicht mehr weiß, woher ich sie habe – oder warum –, und schon war plötzlich Englisch die Sprache, die wir an Bord sprechen mussten. Unterbezahlte Filipinos ließen uns verbliebene Norweger wie seltsame Sonderlinge aussehen, aber immerhin war ich in Galveston und Baton Rouge, Singapur und Sydney, Namen, bei denen ich noch heute einen Kloß im Hals verspüre. Städte, die ich garantiert niemals gesehen hätte, wenn ich nicht Seemann geworden wäre.

Nachdem der Niedergang eingesetzt hatte oder die neuen Zeiten heraufgezogen waren, je nachdem, wie man es sieht, konnte ich mich noch einige Jahre über Wasser halten. Ich arbeitete eine Weile auf Kreuzfahrtschiffen, aber besonders toll waren die nicht. Enge Kajüten und Fahrgäste, die glaubten, mich zu besitzen, ja, die mit den Fingern schnippten und erwarteten, dass wir mit steifen Verbeugungen und einem »Yes, Bwana« oder »No, Masa« angerannt kämen.

Dann wechselte ich auf Containerschiffe über, und die Heuer wurde abermals gesenkt. Aber ich kam trotzdem zurecht, ja, nicht nur das. Als ich aufgehört hatte, bei jedem Landgang den besoffenen Seemann zu spielen, konnte ich einiges sparen und fing langsam an, mit dem Gedanken an eine Ausbildung zu spielen. An der Steuermannschule vielleicht? Ich hätte alles gemacht, was mir das Reisen erhalten hätte. Es war voriges Jahr im April, und ich stand gerade im Büro der Reederei in Durban und versuchte, meine Zukunft zu planen, als ich einen Anruf bekam, dass meine Mutter tot war.

Es waren meistens solche Gründe gewesen, die mich dazu bewogen hatten, in meiner Zeit auf See nach Hause zu fahren. Mein Vater hatte während meiner zweiten Reise einen Schlaganfall erlitten, mein Onkel starb ebenfalls, als ich draußen war. Ein Weihnachtsfest dann und wann und einige Beerdigungen waren also im Grunde das, was ich in den letzten zwölf Jahren von Skogli gesehen hatte, denn wenn ich abmusterte, wollte ich gern die Länder bereisen, in denen ich mich gerade aufhielt, wollte mich auf möglichst billige Weise über Wasser halten und auf eine neue Heuer warten.

Im Übrigen war ich doch einmal zu Hause, als nicht Weihnachten war und auch niemand unter die Erde sollte. Anderthalb Monate vor Mutters Tod verschwand Finn, mein kleiner Bruder. Nicht so, dass irgendwer seinen Spuren in den Baklengselv gefolgt wäre oder dass sein Wagen plötzlich blutverschmiert irgendwo entdeckt wurde. Nein, er verschwand einfach. Eines Morgens kam er nicht zum Frühstück herunter, und als Mutter nachsehen wollte, ob er krank sei und nicht zur Arbeit fahren könne, war sein Bett leer, und eine Tasche und allerlei Kleidungsstücke fehlten. Ich begleitete Mutter zur Polizei und sprach mit seinen Freunden. Dachte, er sei vielleicht in irgendetwas hineingerutscht, schulde irgendwem Geld. Ich war nicht so blauäugig, dass ich nicht gewusst hätte, dass nicht alle in Skogli sich mit Bier und Schnaps begnügten, um am Wochenende in Form zu gelangen. Keinem von Finns Freunden aber war etwas aufgefallen, abgesehen davon, dass er vielleicht etwas stiller gewesen war als sonst.

Als ich nach zwei Wochen wieder losmusste, hatten wir noch immer keine Ahnung, was geschehen war, aber am Tag vor meiner Abreise kam ein Brief aus einem Parkhaus am Flughafen Gardermoen, wo Finns Wagen seit drei Wochen im Kurzzeitbereich stand. Als ich wieder an Bord war, rief Mama an und erzählte, dass sie eine Postkarte aus Malaysia bekommen hatte.

»Mir geht's gut. Musste nur mal raus. Mach dir keine Sorgen.« Mehr schrieb Finn dieses erste Mal nicht. Dann folgten noch einige im Telegrammstil gehaltene Karten aus Australien und Neuseeland. Am Ende schien er einfach geradewegs über den Pazifik weitergereist zu sein, denn die nächste – und letzte – Karte, die Mutter erhielt, kam aus Feuerland. Ehe ich zu ihrer Beerdigung nach Hause fuhr, nahm ich deshalb Kontakt zur norwegischen Botschaft in Santiago auf und setzte mehrere Anzeigen in die größten Zeitungen drüben, ja, ich zögerte die Beerdigung so lange wie möglich hinaus, aber Finn ließ nichts von sich hören.

Deshalb musste ich Mutter allein unter die Erde bringen,

und ich hatte das Gefühl, dass das Loch in der Erde in mir selbst klaffte, als der Geistliche sich bekreuzigte und einige Erdklumpen auf den Sargdeckel fallen ließ. Als wir Vater beerdigt hatten, hatte ich Mutter und Finn gehabt, jetzt bestand die engste Verwandtschaft aus einigen Vettern und Cousinen sowie einer alten Großtante, die ich nur zu Beerdigungen sah.

Und dann saß ich plötzlich allein in einem Haus, das in einem ziemlich guten Zustand war. Es gehörte auch ein Stück Wald dazu, und das Grundstück zog sich ein gutes Stück am Baklengselv entlang den Hang hoch. Als ich zuletzt mit Finn gesprochen hatte, hatten wir herumgesponnen, einen Teil des Geländes als Baugrund zu verkaufen. Seit Schrott-Willy alle seine Autowracks zur Skifabrik gebracht hatte, war der Hof meiner Eltern einer der am schönsten gelegenen in ganz Skogli.

Aber ich schaffte nur sehr wenig, oder ich fand, ich könnte nur sehr wenig unternehmen, solange Finn verschwunden war. Ich nahm Kontakt zur Heilsarmee auf und schrieb an alle norwegischen Seemannskirchen. Aber mein Bruder war weiterhin nicht mehr als eine Postkarte dann und wann, und allmählich kam mir der Verdacht, dass er seine Grüße immer dann abschickte, wenn er einen Ort verließ. Auf diese Weise war er noch schwerer zu finden.

Ich zerbrach mir oft den Kopf darüber, was er eigentlich machte und warum er gefahren war. Reiselust, na gut, das konnte ich nun wirklich verstehen, doch was ich nicht begriff, war die Geheimniskrämerei. Hatte das vielleicht etwas mit der Eifersucht des kleinen Bruders zu tun? Hatte Finn die bunten Postkarten satt gehabt, die ich ihm geschickt hatte? Wollte er sich auf diese Weise rächen, für Mitteilungen wie:

»Das Essen ist gut, das Wetter ist prima, schade, dass Du nicht hier bist, Tom.« Vielleicht? Nur hatte Finn niemals etwas von einem Seemann gehabt. Nicht einmal, wenn er zu den Glanzzeiten der norwegischen Seefahrt geboren worden wäre, hätte ich ihn mir auf See vorstellen können. Wenn es um das Praktische ging, stand Finn immer in der letzten Reihe, die Hände in den Hosentaschen. Aber bei Computern, beim Programmieren, solchen Dingen, die meinen Kopf mit lautem Muschelrauschen füllen, war Finn in seinem Element. Bei seinem Verschwinden verdiente er pro Jahr mindestens zweihunderttausend Kronen mehr als ich. Ich sprach sogar mit seinen Arbeitskollegen. Auch sie hatten keine Erklärung dafür, was ihn wohl in die Ferne getrieben haben mochte.

In den ersten Wochen nach Mutters Beerdigung hatte ich keine Probleme damit, zu Hause zu sein. Ich räumte auf, lieferte einen Großteil ihrer Kleidung bei der Heilsarmee ab, strich die Scheune und erneuerte die Fensterrahmen im alten Schweinestall. Als ich mit den notwendigen Dingen fertig war – oder zumindest mit den Dingen, die ich für notwendig hielt –, fing ich an, im BMW meines Bruders nach Kongsvinger zu fahren. Die Leute in meinem Alter waren aber meistens bei der Arbeit oder hatten die Gegend verlassen. Ich fand es mäßig spannend, mit einer Tasse bitteren Kaffee in einer Cafeteria zu sitzen und die Rentner zu betrachten, die missbilligend zu den Kosovo-Albanern in der Raucherzone hinüberschielten. Zwei Tage nachdem ich ziemlich verloren vor dem Bahnhof von Kongsvinger gestanden und zugesehen hatte, wie am Nationalfeiertag fahnenschwenkende Kinder mit großem Hallo durch die Straße zogen, schaute ich deshalb bei Schrott-Willy vorbei, um zu fragen, ob er Hilfe brauchte. Nicht, dass ich ein fähiger Mechaniker gewesen wäre, aber ich hatte zwei starke Arme und hielt mich für einigermaßen geschickt. Es wurde nicht gut gezahlt, nein, der Lohn wäre selbst einem Filipino ziemlich lausig vorgekommen, aber ich hatte doch etwas zu tun, während ich Finn suchte oder, genauer gesagt, während sich allerlei Organisationen in aller Welt bemühten, meinen Bruder zu finden.

Heute kommt es vor, dass ich bereue, damals kein fähigerer Müßiggänger gewesen zu sein. Bereuen ist vielleicht nicht das richtige Wort, es kommt aber vor, dass ich mich frage, ob alles anders gekommen wäre, wenn ich gemächlicher veranlagt gewesen wäre. Ich weiß es nicht, wahrscheinlich hätte sich alles genauso ergeben.

Schrott-Willy hatte also keine neue Frau gefunden, seit Ellen in den Fluss gegangen war. Da auch keine neue Haushälterin mehr auftauchte, weiß ich nicht, was er machte – falls er überhaupt etwas machte –, um sich mit Damengesellschaft zu versorgen. Es kommt mir aber doch unglaubwürdig vor, dass ein Mann, der sein ganzes Eheleben hindurch daran gewöhnt gewesen war, nach Belieben auf- und abzusteigen, seine Gelüste jetzt einfach knebeln konnte. Es ging das Gerücht, dass Willy jeden Tag die Kontaktanzeigen mehrerer Zeitungen durchging. Dass er jede Woche diverse Redaktionen mit Chiffreanzeigen überschwemmte. Wenn das stimmt, dann muss die Antwortflut ausgeblieben sein, denn niemand konnte sich erinnern, bei Willy auch nur eine einzige Kontakt suchende Frau gesehen zu haben.

Andere Leute aus dem Ort behaupteten, dass er in regelmäßigen Abständen nach Oslo oder über die Grenze nach Karlstad fuhr, um sich Liebe zu kaufen. Und selbst wenn das stimmte, finde ich nicht, dass das einen Mann zu einem schlechten Kerl macht, wenn er sich auf keine andere Weise eine Frau verschaffen kann. Ich bin jedoch ganz sicher, dass Willy sich niemals an seinen Töchtern vergriffen hat. Eine Zeit lang behauptete das Gerücht, dass das Jugendamt Psychologen vorbeischickte, die Mama- und Papapuppen mitbrachten und die mit den Mädchen sprechen sollten, und Pädagogen mit Diktafonen, die alles aufnahmen, was Willy in langen und gründlichen Gesprächen sagte.

Die acht Schwestern Bergkvist aber zeigten enttäuschend wenige – falls überhaupt irgendwelche – Verhaltensstörungen, und auch wenn kaum ein Zweifel daran bestand, dass Willy sich vor jeder Geburt einen Sohn gewünscht hatte, so liebte er seine Töchter doch und plagte sich an langen, harten Tagen ab, damit es ihnen an nichts mangelte. Die Mädchen kamen außerdem mit allen gut zurecht und gehörten jeweils zu den Besten in ihrer Klasse. Es waren jedoch nicht nur die Noten, die bei den Schwestern Bergkvist so gut waren. Nein, selbst die am wenigsten hübsche von ihnen hatte ein Gesicht wie aus der Seifenreklame.

Ich glaube, es fing am dritten Tag an oder vielleicht auch schon am zweiten. Ich hatte gerade die Bolzen aus einer Motorblockbefestigung in einem alten Lada gedreht und wollte den ganzen Scheiß mit der Winsch herausholen, als die älteste Tochter, Rakel, plötzlich neben mir stand und wissen wollte, ob ich Hilfe brauchte.

Ich schüttelte den Kopf und lächelte, aber diese Russenkutschen sind ein verdammter Mist. Der Motor steckte einfach fest, und es folgte allerlei Geschnaufe und Gehämmere mit allerlei Werkzeug, ohne dass es besonders viel geholfen hätte. Also, ich bin wie gesagt nicht ungeschickt, aber ich muss zugeben, dass ich abgelenkt wurde, als Rakel sich über den Motor beugte und anfing, auf die verschiedenen Teile zu zeigen. Sie trug eine Latzhose und nicht viel mehr. Na ja, sie hatte einen weißen BH, aber sie hätte unter der Hose auch nackt sein können, ja, ich wünschte mir, das wäre sie, denn dann hätte ich mir nicht vorstellen müssen, wie sie eigentlich aussah. Ein bisschen offenkundiges Sabbern, einige Male trockenes Räuspern, und das wäre es vielleicht gewesen. Aber jetzt konnte ich einfach nicht aufhören, sie anzustarren. Es wurde auch nicht besser davon, dass sie barfuß war und sich die Zehennägel kohlrabenschwarz lackiert hatte, eine Farbe, die perfekt zu ihren fast hüftlangen Haaren passte.

Alle Bergkvist-Mädchen hatten diese Haare, nicht alle gleich lang, aber alle in dieser Farbe. Was nicht gerade an die Eltern erinnerte, denn Ellen war mausgrau gewesen, und mit seinen roten Haaren hätte Schrott-Willy leicht als Wikinger durchgehen können. Aber ich habe so etwas schon früher in Skogli gesehen. Das Blut der Waldfinnen schlummert in den meisten von uns, und plötzlich kann es die Kinder leicht ausländisch aussehen lassen. Außerdem führte der alte Zuckerweg nach Schweden durch den Ort, und früher kam im Sommer immer allerhand fahrendes Volk vorbei. In Scheunen und Wirtschaftshütten mischte sich das Blut.

Wenn die Schwestern Bergkvist einige Jahrhunderte früher geboren worden wären, hätten sie rasch auf dem Scheiterhaufen enden können, so hübsch waren sie – und einander ähnlich. Es war mehr als nur normale Geschwisterähnlichkeit. Es fiel mir wirklich schwer, die Mädchen, die sich im

Alter am nächsten waren, auseinanderzuhalten. Und bei den Zwillingen, die mittlerweile groß waren – fünfzehn Jahre und bereit zur Konfirmation oder zur Gläubigentaufe oder was auch immer die Pfingstler da veranstalten –, konnte ich den Versuch gleich vergessen.

»Ich glaube, du hast den letzten Bolzen unter der Zündung vergessen, deshalb kriegst du den Motor nicht raus«, sagte Rakel, nachdem ich eine Brechstange geholt hatte und versuchte, damit den Lada-Motor von unten her zu lockern.

Natürlich hatte sie recht, und von diesem Tag an tauchten die Schwestern immer wieder auf, wenn ich bei der Arbeit war. Normalerweise nur eine auf einmal, aber manchmal kamen an einem Tag zwei oder sogar drei. Anfangs wunderte mich das nicht weiter. Wenn ich mein ganzes Leben in Skogli verbracht hätte, dann hätte ich es vielleicht auch interessant gefunden, von anderen Gegenden zu hören. Und ich erzählte bereitwillig von den besten Königskrabben an der ganzen Golfküste, bei Galeileos in Galveston, von der Space Needle in Seattle und über Jimi Hendrix' Grab in dieser Stadt. Ich sprach über die Dingos in Australien, über die besten Hähnchen der Welt auf Sumatra und erzählte, dass ich auf Taiwan einmal fast Hundefleisch gegessen hätte.

Doch irgendwann waren sie mit den Geschichten allein nicht mehr zufrieden. Wenn ich mit dem Wagen zur Werkstatt gekommen war, wollten sie mit mir nach Hause fahren. Und wenn ich »sie« sage, dann meine ich immer sechs der acht. Es muss ein witziger Anblick gewesen sein: der Wagen meines Bruders vollgestopft mit den Schwestern Bergkvist. Teilweise deshalb nahm ich nun Vaters alten Tempo – ein 57er Modell von 125 Kubik –, wenn ich nicht zu Fuß ging. Es sind nur etwas über drei Kilometer von mir zur Werkstatt, aber Rakel, Leah, Sara, Maria, Rebekka, Naomi, Ruth und Esther versuchten die ganze Zeit, sich in Erklärungen dafür zu übertreffen, warum ich sie einfach mitnehmen musste, wenn ich mich nach Feierabend nicht unbemerkt davonschleichen konnte. Diese kleinen Kabbeleien waren mehrere Wochen hindurch das Spannendste, was überhaupt passierte.

Zu Johannis änderte sich dann alles. Der Heimatverein von Skogli hatte beschlossen, ein altmodisches Mittsommerfest zu arrangieren, und gab vor, den auf einem Bild in der Lokalzeitung drohend erhobenen Zeigefinger des Feuerwehrchefs nicht gesehen zu haben. Unten am Badestrand des Flyktningsees wurde deshalb das größte Johannisfeuer aufgeschichtet, das seit sicher fünfundzwanzig Jahren am Ort gesehen worden war. Dorthin ging ich, und dorthin gingen Schrott-Willys Töchter – alle acht.

Ein Schrammelmusik-Trio aus Charlottenberg spielte, solange in den Flaschen noch Reste vorhanden waren, und ich walzte mit einer Schwester nach der anderen über die unebene, sandige Tanzfläche, bis ich total den Überblick darüber verloren hatte, mit welcher ich schon getanzt hatte und welche als nächste an der Reihe war. Dass ich meinem Ruf als Seemann gerecht werden musste, machte die Sache nicht besser. Das Problem war nur, dass ich mit Alkohol noch nie hatte so gut umgehen können, und bald kam ich mir vor wie damals, als wir vor Kap Hoorn festsaßen, da, wo Pazifik und Südatlantik aufeinanderstoßen. Am Ende blieb mir keine Wahl, ich musste zum alten Finger-im-Hals-Trick greifen.

Etwas später, während ich Wasser in mich hineinschüttete, tauchte neben mir Sara auf und schlug vor zu baden. Als ich dankend ablehnte, meinte sie, dann könnten wir doch Blumen pflücken. Ich hätte natürlich weiterhin ablehnen können. Ein Seemann von über dreißig geht schließlich nicht mit einem hübschen Mädchen Blumen pflücken, ohne zu ahnen, was dabei herauskommen wird, schon gar nicht spätabends. Aber ich muss zugeben, dass ich zwar schon seit geraumer Zeit mit keiner Frau mehr zusammengewesen war, dass ich mir aber trotzdem einbildete, die Sache werde mit einer Runde Knutschen ihr Bewenden haben. Ein wenig Haut an Haut, ohne vollständige Nacktheit, gleich neben uns wurde doch getanzt, um Gottes willen.

Es war aber nicht nur so, dass Sara hexenhaft schön war, sie verhielt sich auch ganz anders als irgendeine der Frauen, mit denen ich früher zusammengewesen war. Das muss nicht unendlich viel bedeuten, denn die Art von Frauen, an die ich gewöhnt war, machte nie mehr als unbedingt nötig, aber Sara war in mehrfacher Hinsicht anders. Oft bekommen Frauen etwas Vulgäres, wenn ich mit ihnen schlafe, die ganze Sache wird gekünstelt und unnatürlich. Sara sagte nichts, ließ keinen Laut hören, war nur Bewegung, Bewegung und ein Blick, der mich nie losließ, nicht einmal, als mein Eifer dafür sorgte, dass die Sache ziemlich rasch schieflief und sie mir helfen musste, wieder in Gang zu kommen.

So geschah es also, hinter einem umgestürzten Baum einige hundert Meter vom Strand entfernt, während im Hintergrund die Akkordeonmusik schrammelte und die Flammen des Johannisfeuers in den Himmel züngelten. Ich kann noch immer ihre Haut auf meiner Haut spüren, ich weiß noch, dass ich wegen des Geschmacks von halb verdautem Wodka und angebrannten Grillwürstchen versuchte, sie nicht anzuhauchen – zu Anfang zumindest.

Danach gingen Sara und ich zum Strand zurück. Sie hatte

Lust, meine Hand zu nehmen, aber ich hätte das zu blöd gefunden. Fast peinlich. Verstanden? Ich wollte nicht zeigen, was wir gemacht hatten, ich bin noch nie einer gewesen, der mit seinen Eroberungen prahlt. Das hatte ich schon ziemlich früh auf See gelernt. Wenn jemand damit protzte, wie oft, bedeutete das meistens keinmal. Ich hielt deshalb den Mund und versuchte, mir nichts anmerken zu lassen, als wir zum Fest zurückgekehrt waren. Die meisten schienen unser Verschwinden nicht einmal registriert zu haben, aber zwei von Saras Schwestern kniffen auffällig die Augen zusammen und wollten unbedingt tanzen. Ich konnte nicht länger als bis ungefähr Mitternacht durchhalten, da gab ich vor, pinkeln zu müssen, und schlich mich durch den Wald nach Hause. Ich ging los, dann lief ich. Hatte das Gefühl, dass die zackigen, trockenen Tannen mir den Weg versperrten, dass sie sich reckten, um mich festzuhalten, dass sie mich bedrängten, bis ich nicht mehr atmen konnte. Ich hatte Heimweh nach dem Meer.

Zu Hause stand ich lange unter der Dusche, putzte mir die Zähne, bis mir das Zahnfleisch brannte, und kroch dann so erschöpft wie nach der Hundewache unter die Decke.

Ich weiß nicht, wie lange ich geschlafen hatte, aber jedenfalls hatte die Juninacht ihre dunkelste Phase erreicht, als ich die Augen aufschlug. Ich hatte etwas über Indianer geträumt. Ich stand zusammen mit Frauen und Kindern vor einem Tipi und sah eine Kavallerie den Hang heruntergaloppieren. Zuerst dachte ich, der Traum habe mich geweckt, dann bemerkte ich eine Bewegung, nicht nur eine Bewegung übrigens, sondern einen vollständigen Menschen. Eine vollständige Frau. Sara Bergkvist ließ ihr Kleid zu Boden sinken und zog mir die Decke weg. Ihre Haut war so warm, dass ich mich fragte, ob sie neben dem Feuer geschlafen hatte. Ich hatte eben noch mit Blauröcken gekämpft und hatte ein Gefühl in der Speiseröhre, als sei soeben mein Mageninhalt mit einem Schlauch hochgesaugt worden, aber als sie anfing, mich zu küssen, und ihre langen Haare über mein Gesicht wogten, wusste ich gar nichts mehr. Es gab keine Gedanken, keine Wörter, nur eine Lawine, die einen langen Hang hinabjagte.

Normalerweise komme ich ganz still zum Ende. Was ein Mann in einer solchen Situation sagt, enthält ungefähr so viel Wahrheit, wie wenn ein Besoffener anfängt, sich über Gott zu verbreiten, oder behauptet, dich zu mögen, dich wirklich richtig zu mögen. Diesmal war es jedoch noch besser als hinter dem umgestürzten Baum, und das bohrte ein Loch in mich, und die Wörter strömten nur so aus mir heraus.

»Du bist so schön – so wunderbar«, sagte ich. »Du bist die Schönste, die ich je gesehen habe, Sara.«

»Rakel«, sagte sie.

»Du bist die Schönste, die ich je gesehen habe, Rakel.«

Aber da war es schon zu spät. Ich konnte der Sache kein Ende mehr setzen.

Danach fing ich an, bei abgeschlossener Tür zu schlafen.

Am nächsten Morgen war ich sehr lange in der Küche. Trank die gesamte Kaffeeration eines ganzen Tages, ehe ich mich auch nur richtig anziehen konnte. Hätte mich am liebsten krank ins Bett gelegt, aber es ist schwer, blauzumachen, wenn man für seinen nächsten Nachbarn arbeitet.

Mit viel zu viel – und viel zu schnell getrunkenem – Kaffee, der mir in der Kehle brannte, blieb ich sitzen und fragte mich, was ich tun sollte. Innerhalb von wenigen Stunden hatte ich ungeschützten Sex mit zwei der Schwestern Bergkvist gehabt. Nicht, dass ich glaubte, sie mit irgendetwas infiziert zu haben, ich hatte beim Landgang immer ein Gummi benutzt. Es war auch nicht die Angst, die Schwestern könnten mir etwas verpasst haben, die mein Herz so wütend in der Brust hämmern ließ. Ich hätte aber einen ruhigeren Start in diesen Tag gehabt, wenn ich es am Vorabend – und in der Nacht – wenigstens einmal geschafft hätte, rechtzeitig abzuspringen. Doch abzuspringen ist schwer, wenn man unten liegt.

Schrott-Willy hatte zwar keine Stechuhr, aber an diesem Tag kam ich eindeutig zu spät. Konnte mich erst aufraffen, als der Postbote eine sommerdünne Lokalzeitung und eine Postkarte von meinem Bruder in den Kasten geworfen hatte. Finn arbeitete sich nordwärts. Die letzte Karte war aus La Paz gekommen, diese hier hatte er vor acht Tagen in Managua aufgegeben. Ich dachte, jetzt müsste ich mich an einen Anwalt wenden und um Hilfe bei der Entscheidung bitten, was ich mit dem Grundstück anfangen sollte. Es müsste doch möglich sein, Wald und Boden zu verkaufen, die Summe durch zwei zu teilen und die eine Hälfte auf ein gesperrtes Konto unter Finns Namen einzuzahlen.

Schrott-Willy sagte nichts Besonderes, als ich gegen zehn in die Werkstatt kam. Zum Glück ließ sich keine der Töchter blicken, und ich konnte eine Menge wegschaffen, bis dann später am Nachmittag die Zwillinge auftauchten. Zum ersten Mal fiel mir auf, dass die eine gröber gebaut und fülliger als ihre Schwester war, aber ich versuchte, sie nicht zu sehr anzustarren, sondern erinnerte mich daran, dass ich hier zum Arbeiten angestellt war. Mit der Motorhaube eines alten Opels als Bibel schwor ich, mich weder mit Sara noch mit Rakel jemals wieder intim einzulassen.

Ehe ich nach Hause gehen wollte, fanden sich die meisten anderen Schwestern ein, und sowohl Rakel als auch Sara verpassten mir heimlich einen Kuss und eine Umarmung. Das erleichterte mich dann doch ein wenig. Es ließ annehmen, dass sie nichts voneinander wussten, dass keiner die ganze Wahrheit bekannt war.

Um vier Uhr machte ich Feierabend, und da BMW und Tempo in der Garage standen, durfte ich ungestört zu Fuß nach Hause gehen. Dort rieb ich mich als erstes mit Seife ein und lief hinaus in den Kolk. Die Seifenreste schwammen wie eine Öllache auf dem Wasser, als ich wieder ins Haus ging und Shorts und ein sauberes T-Shirt anzog. Die Jeans rollte ich zusammen und legte sie auf den Rücksitz des Autos, ich dachte, ich würde an diesem Abend lange ausbleiben. Es war ja immerhin Freitag. Der letzte im Juni.

Während ich nach Kongsvinger fuhr, dachte ich an Finn und wie seltsam es war, dass er niemals anrief. Es wäre doch normal gewesen, wenn ihn ab und zu der Gedanke an Mutter gestreift hätte und daran, dass Leuten über sechzig leicht etwas zustoßen kann.

Ich fing an, mir vorzustellen, was wir nach seiner Rückkehr alles zusammen machen würden, denn niemand verschwand doch einfach so, jedenfalls nicht mehr heutzutage. Es war lange her, dass widerborstige Söhne in Skogli ihre Väter zusammenschlugen oder sich mit den Ersparnissen der Familie absetzten, dann vielleicht zehn, fünfzehn Jahre nichts mehr von sich hören ließen, bis dann plötzlich eine Postkarte mit den Wolkenkratzern in Chicago oder etwas Ähnlichem im Briefkasten landete.

Kongsvinger zog sich wie üblich auf beiden Ufern der Glomma an den Hängen hin. Ich weiß noch, wie einer der

Seeleute aus Skogli sagte, die Stadt mit ihrer hügeligen Lage erinnere an San Francisco, aber da ich selbst schon dort war, halte ich diesen Vergleich nicht für gelungen. Kongsvinger erinnert dagegen sehr an Duluth, Minnesota, vor allem im Winter, wenn die Glomma wie ein kaltes Schaudern durch die Stadt fließt und die graublauen Hügel zum Zentrum hin gewissermaßen in sich zusammenkriechen und sinken. Jetzt war in der Stadt allerdings Sommer. Verschlafener Sommer. Die Hitze hatte die Rentner unter die Sonnenschirme in ihren Gärten getrieben, die Kosovo-Albaner aus ihren Lederjacken und die meisten Leute von den Straßen.

Ich endete in einem Restaurant, das mit seinen argentinischen Steaktraditionen prahlte, aber ich hätte ja gern gesehen, wo in Argentinien dieser Koch je gewesen war. Das Restaurant hatte immerhin eine Klimaanlage, die Sessel waren bequem, und ich konnte in aller Ruhe die Zeitung aus den USA lesen, die ich am Kiosk mitgenommen hatte. Als ich wieder zum Auto schlenderte, war es etwas kühler geworden, aber ich ließ meine Jeans weiterhin auf dem Rücksitz liegen. Langsam füllten sich die Straßencafés mit Leuten, die ihr Wochenende früh beginnen ließen. Ich hatte aber keine Lust auf Bier, und aus einem Impuls heraus ging ich um zehn Minuten vor Geschäftsschluss in einen Sportladen und kaufte mir eine Büchse Regenwürmer und eine Angel. Nichts Besonderes, aber absolut brauchbar, um die Forellen im Kolk des Baklengselv zu testen, gleich oberhalb der stillgelegten Sägemühle.

Ich blieb zwei Stunden oben am Kolk, und auch wenn ich keine dicken Brocken fing, würden sie sich doch in der Bratpfanne gut machen. Ich hatte in der Garage ein Brett gefunden und nahm die Fische gerade aus, als Sara (ja, diesmal überprüfte ich es genau, um sicher sein zu können) kam und fragte, ob ich zum Kaffee herüberkommen wolle. Ich versuchte, mich damit zu entschuldigen, dass ich dann nicht schlafen könne, aber meine Antwort stieß auf Granit. Nachdem ich die Forellen in den Kühlschrank gelegt und mir das Fischblut abgewaschen hatte, ging ich über den Hof und klopfte zum ersten Mal seit sicher zehn Jahren an der Tür der Familie Bergkvist an. Es war jedoch nicht die Tatsache, dass mein letzter Besuch so lange zurücklag, die diesen Besuch so besonders machte. Nein, das Seltsame war, dass alle Schwestern an einem Freitagabend zu Hause waren, und jede schien den Tag zum Kuchenbacken genutzt zu haben. Ich saß deshalb zwischen einem Zwilling und Sara auf dem Sofa, und mein Teller war kaum leer, ehe er mit einem weiteren Stück Kuchen beladen wurde.

Willy war in ungewöhnlich guter Laune und erzählte Schwänke aus alten Zeiten. Ich dachte mir, eigentlich habe er im Ort einen unverdient schlechten Ruf, und es sei nicht richtig, ihm den Tod seiner Frau zur Last zu legen.

Es waren einige nette Stunden, aber das Ende des Abends wurde eine ziemliche Quälerei. Auf meiner letzten Fahrt hatte ich jeden Tag Magenbeschwerden gehabt, und nach allerlei Tests hatte der Schiffsarzt festgestellt, dass ich an Laktoseallergie litt. Das heißt, ich bin allergisch gegen Milchzucker. Als ich mich endlich vom Kuchentisch erheben konnte, polterte es in meinem Magen fast wie in einem Maschinenraum. Zu Hause saß ich dann so lange auf dem Klo, dass mir die Beine einschliefen.

Ich hatte soeben das Klofenster geöffnet und wusch mir die Hände, als an die Tür geklopft wurde. Durch den Vorhangspalt konnte ich Rakel erkennen. Ich hätte mich am liebsten schlafend gestellt, aber ich wollte auch nicht, dass Willy sie so sah. Ich ließ Rakel herein und benutzte beide Türschlösser, als ich die Tür zumachte. Versuchte, mich davon zu überzeugen, dass ich nichts Falsches tat, jedenfalls nichts Ungesetzliches, und plötzlich kam mir mein früher an diesem Tag abgelegtes Zölibatsgelübde doch ein wenig übereilt vor. Es wäre außerdem gelogen gewesen, zu behaupten, ich hätte nicht geahnt, dass noch mehr passieren würde, und dass ich das hier nicht im Hinterkopf gehabt hätte, als ich bei Shell vorbeischaute und zwei Packungen mit den Allerdünnsten, den Gefühlsechtesten erstand.

Ich erwachte allein, in die Decke gewickelt wie in eine Toga, aber Rakel war noch immer überaus anwesend im Zimmer. Die Grube im Kissen, die ihr Kopf hinterlassen hatte, die langen Haare auf dem Laken und ein Duft in der Decke, der an Maiglöckchen erinnerte. Ich blieb im Bett liegen, bis das Telefon klingelte. Es war die Heilsarmee. Ein Seemannspastor in New Orleans hatte mit Finn gesprochen, ihn über den Tod unserer Mutter informiert und gefragt, ob er nicht von der Kirche aus bei mir anrufen wolle. Finn hatte gesagt, er wolle noch einen Tag warten, und war dann über Nacht verschwunden.

Natürlich machte ich mir Sorgen. Ernsthafte Sorgen. Was ist das denn für ein Typ, der es nicht einmal, wenn er vom Tod seiner Mutter erfahren hat, über sich bringt, zu Hause anzurufen? In welchen Schlamassel konnte mein Bruder möglicherweise geraten sein?

Ich konnte nicht sehr lange bei diesen Gedanken verweilen, ehe das Telefon wieder klingelte. Auch diesmal war es nicht Finn, sondern Schrott-Willy. Seine Schwester lag im Sterben, und er wollte mit den Mädchen nach Elverum fahren. Willy fragte, ob ich mich um das Haus kümmern und die Katzen füttern könnte.

Mit der Schwester ging es schnell zu Ende. Schon am nächsten Abend rief Willy abermals an und erzählte, es sei vorüber, aber die Mädchen und er wollten bis zur Beerdigung in Elverum bleiben. Ich sollte den Laden am nächsten Morgen aufmachen und das Geschäft nach besten Kräften weiterführen.

Später an diesem Abend rief ich in New Orleans an und erwischte den Pastor unmittelbar vor dem abendlichen Gottesdienst. Es konnte keinen Zweifel daran geben, dass er wirklich mit meinem Bruder gesprochen hatte, aber über die Auskunft hinaus, dass Finn mit leichtem Gepäck reiste und bei guter Gesundheit zu sein schien, konnte der Pastor mir nichts Neues mitteilen.

Ich hatte eine schöne Woche, eine problemlose Woche. Es war eher wenig Betrieb, aber umso mehr Zeit hatte ich, Teile aus den letzten Autos auszubauen, die bei uns abgeliefert worden waren. Ich schaute außerdem bei einem Anwalt vorbei und bekam einen Haufen Papiere, die ich ausfüllen musste, wenn ich das Grundstück verkaufen wollte. In dieser Woche rief ich auch die Reederei an. Sie wollte sich melden, sowie eine neue Heuer auftauchte.

Als am Freitagabend Schrott-Willy und die Töchter zurückkamen, blieb ich bis nach Mitternacht beim Forellenkolk. Am nächsten Morgen schlief ich sehr lange und hatte den Telefonstecker herausgezogen, ehe ich nach Charlottenberg fuhr, um billig Geflügel und Schweinefilet zu kaufen und das Gefühl zu genießen, an einem ganz anderen Ort zu sein als Skogli. Es war der bisher heißeste Tag in diesem Sommer. Die Luft war fast so tot und drückend wie damals, als ich durch das Death Valley gefahren war. Der Sitz brannte unter meinen Kniekehlen, und der Schweiß legte sich als zäher Film über mein Gesicht, obwohl ich alle Fenster geöffnet hatte. Als ich zurück nach Skogli kam, schien mein Schädel gewachsen und dann in eine mindestens zwei Nummern zu enge Badehaube gestopft worden zu sein.

Ich legte das Fleisch in die Tiefkühltruhe, zog die Badehose an und lief, ohne hinter mir die Tür zu schließen, hinaus in den Kolk. Das Wasser war pisswarm, als hätte es den ganzen Tag in einer Plastikwanne verbracht. Es war zwar nicht direkt abkühlend oder erfrischend, aber immerhin nass, und es war schön, mich einfach auf dem Rücken treiben zu lassen. Ich schloss die Augen und redete mir ein, ich sei eine Wolke oben am Himmel, eine dicke, fette Gewitterwolke mit dem Bauch voller daumendicker Regentropfen. Oder Moment – ich war ein Schiff: Tom Kleven fährt wieder los, mit dem immer gleichermaßen wehmütigen Gefühl, das Land hinter sich in sich zusammensinken zu sehen, bis alles ganz flach ist und dann verschwindet. Aber wenn das Gefühl, die Küste verschwinden zu sehen, auch noch so traurig ist, dann ist nichts schöner, als das Land zu sehen, das vor dem Boot zu wachsen beginnt. Der Horizont wird Puzzlestück für Puzzlestück zusammengebaut, die Details in der Landschaft treten hervor. Nichts gibt mir ein stärkeres Gefühl, unterwegs zu sein, als wenn sich das Meer nach mehreren Wochen mit einfach nichts – mit einfach allem, Himmel und Erde – um mich herum zum Land hin glättet. Deshalb fliege ich nicht gern, ich mag nicht durch die Wolken nach unten sacken, die besten Reisen sind immer die, die Zeit brauchen, um zu beginnen und zu enden.

So blieb ich liegen und trieb dahin wie ein Gummiboot, bis ein Platschen und dann noch eins mich fast kentern ließen.

»Hallo«, sagte Rakel.

»Gutes Wasser«, sagte Leah.

Ich nickte und sprach mein Beileid aus. Fragte, wie es Willy ging und wie die Beerdigung verlaufen war.

Die Mädchen beantworteten die erste Frage mit »gut« und erzählten, es sei traurig gewesen, die Tante unter die Erde zu bringen.

Leah fragte, ob das das wärmste Wasser sei, in dem ich je gebadet hätte.

»Nein, im Vergleich zum Toten Meer ist das hier das pure Eiswasser«, sagte ich.

»Ist es da wirklich so salzig?«, fragte Rakel.

»Grausig«, sagte ich.

»Muss aber gut für Leute sein, die nicht gut schwimmen können, was?«, fragte Leah.

»Ich wäre fast ertrunken«, sagte ich.

Beide lachten, aber es stimmte. Ich wäre im Toten Meer fast ertrunken. Ich war ein wenig unterhalb des Schildes, auf dem stand, wo Baden erlaubt war, ins Wasser gegangen, und wie jetzt hatte ich mich auf dem Rücken treiben lassen. Das habe ich immer schon gern gemacht. Als ich nach einigen Minuten einen Blick aufs Land warf, hatten die Unterströmungen mich schon weit hinaus getragen. Natürlich erschrak ich und drehte mich auf den Bauch, um ans Ufer zu schwimmen. Und da überkam mich die Panik. Meine Beine hoben sich, und ich zappelte halb über der Wasserfläche vor mich hin. Mit jedem Schwimmzug wurde ich weiter hinausgetragen. Ich war ganz sicher, dass ich ertrinken würde. Ich glaube, ich brauchte fast eine halbe Stunde, um an Land zu gelangen, und nur mit letzter Kraft konnte ich mich an den Strand schleppen. Mein Herz hämmerte dermaßen, dass ich Watte in den Ohren zu haben glaubte, das Wasser, das ich verschluckt hatte, brannte wie hochprozentiger Schnaps in meiner Speiseröhre, und meine Arme schienen sich gleich von meinen Schultern zu lösen. Ich war noch nie so müde gewesen, weder vorher noch nachher. Bei meinem Pech ist es ein Wunder, dass ich nicht ertrunken bin.

Es waren nicht gerade die Erinnerungen an das Tote Meer, die mich aus dem Wasser trieben, sondern dass auch Maria und Sara zum Baden erschienen. Nach und nach wurde es unmöglich, sich im Kolk aufzuhalten, ohne mehr oder weniger zufällig gegen eine der Schwestern Bergkvist zu stoßen. Und obwohl ich nicht besser bin als die meisten anderen Männer und auch schon Phantasien von zwei Frauen auf einmal gehabt habe, dann sind mir vier – und noch dazu Schwestern – doch ein wenig zu viel. Solche Dinge können einen Mann einfach in die Hölle treiben. Dass wir so viele im Kolk waren, machte das Wasser außerdem noch trüber, und als zum zweiten Mal eine von ihnen meine Badehose befühlte, bat ich um Entschuldigung und sagte, ich müsse dringend telefonieren.

Im Haus schloss ich hinter mir die Tür ab und streifte die glitschige Badehose herunter. Ich hatte das Gefühl, ein Vorspiel mit vier Frauenzimmern hinter mir zu haben, und ich war stolz auf mich, weil ich es geschafft hatte, mich loszureißen. Ich nahm zwei Kopfschmerztabletten und ging nach oben, ich wollte versuchen, zu schlafen.

Ruth – oder vielleicht auch Esther – lag nackt auf meiner Decke. Auf dem Nachttisch stand ein Glas mit etwas, das aussah wie Whisky. Aber nicht die Frage, woher sie den wohl hatte, erstaunte mich am meisten. Nein, ihre Haut sah aus wie Marmor, als sei sie die einzige der Schwestern Bergkvist, die die Sonne nicht mochte, und Esthers – oder Ruths – Brüste waren groß und hatten Warzen mit der Farbe von Kaffeebohnen, und ich konnte meine Blicke nicht abwenden. Und ich wünschte, ich könnte berichten, ich hätte mich mit dem Anstarren begnügt, ich sei ein Mann von hoher Moral, ich hätte sie aufgefordert, sich wieder anzuziehen. Ich wünschte, ich könnte behaupten, ein Mann von Vernunft zu sein, der sich von einer Fünfzehnjährigen nicht in Versuchung führen ließ. Aber nein. Ich war schon erledigt, ich war schon halb auf Kondomsuche in der Nachttischschublade und schon halb im Bett, als das Telefon klingelte. Es war Naomi. Ich hatte in der Werkstatt irgendetwas falsch abgelegt, und Schrott-Willy hatte sich daran verhoben. Sie bat mich, sofort zu kommen.

Nach diesem Samstag fing ich an, zu den Pfingstlern zu gehen. Ich war nicht zum ersten Mal dort, natürlich nicht, denn obwohl meine Eltern beide der Staatskirche angehört hatten, war es für sie leichter gewesen, Finn und mich zur Sonntagsschule der Pfingstler zu schicken, als uns nach Kongsvinger zu fahren. Ich habe deshalb mehrere Bilder mit einem Baum voller Äpfel und einem Netz voller Fische aus der Pfingstkirche. Alles, was ich über Gottesfurcht weiß, habe ich dort gelernt. Ich will nichts Falsches behaupten, aber Gott ist bei den Pfingstlern viel näher.

Meine Eltern waren keine aktiven Kirchgänger, aber die Gottesdienste zu Weihnachten und Ostern versäumten sie nie. Darüber hinaus gingen sie zweimal im Jahr mit Finn und mir hin, meistens um die Zeit, zu der meine Großeltern gestorben waren. Wenn man beim Gottesdienst nicht so oft hätte aufstehen und sich hinsetzen müssen, glaube ich allerdings, dass ich eingeschlafen wäre. Der Prediger damals sprach mit einem weichen südnorwegischen Akzent und ließ seine Predigten in einem Tonfall dahinplätschern, der es mir schwermachte, die Augen offenzuhalten.

Bei den Pfingstlern war alles viel unvorhersagbarer. Nach meiner Konfirmation besuchte ich allerlei Treffen dort, und immer schlugen sie dabei neue Wege ein. Ich wagte nie, mich zu entspannen, denn jederzeit konnte der Nachbar plötzlich in Zungen reden oder in lobpreisendes Halleluja ausbrechen und dadurch die Aufmerksamkeit der Kanzel auf sich lenken. Nachdem ich zur See gegangen war, hatte ich zwar nur noch wenig mit den Pfingstlern zu tun gehabt, aber immerhin auf fünf Erdteilen an Gottesdiensten teilgenommen. Im Laufe dieser Jahre wurden die Seemannskirchen deshalb zu Orten, die ich wegen der Zeitungen, des Kaffees und der norwegischen Plätzchen ebenso gern aufsuchte wie wegen Gott.

An diesem Sonntag stand mir der Sinn allerdings nicht nach Gemütlichkeit und Freude. Ich musste an der äußersten Stuhlkante sitzen, ich brauchte einen zitternden, auf mein Herz gerichteten Zeigefinger, und vor allem brauchte ich einen Fokus – einen klaren Fokus. Und Tordenskiold, der Gemeindevorsteher, machte an diesem Abend seinem Spitznamen Donnergroll alle Ehre. »Es gibt auf dem Weg ins Himmelreich keine Abkürzungen. Es ist harte Arbeit. Harte Arbeit, Freunde, wenn wir jemals Gott, Jesus und den himmlischen Heerscharen gegenübertreten wollen«, verkündete Donnergroll und schlug danach so fest mit der Faust auf die

Kanzel, dass seine riesige Bibel mit einem fast ebenso lauten Knall zu Boden fiel.

Harte Arbeit, dachte ich am Montagmorgen, während ich mir die Haare mit Wasser kämmte. Harte Arbeit, dachte ich, als ich die Gangschaltung aus einem Opel Vectra ausbaute, dem neuesten Auto, das wir bekommen hatten. Harte Arbeit, dachte ich, als ein Zwilling – ich glaube, derselbe wie am Samstag – fragte, ob ich nicht bald Hilfe beim Hausputz brauchte.

Ich weiß nicht, wie oft ich an den folgenden Tagen »harte Arbeit« vor mich hin gemurmelt habe, und am Donnerstag saß ich dann wieder bei den Pfingstlern.

»Zu glauben«, flüsterte Tordenskiold, ehe er loswetterte. »Zu glauben bedeutet immer zu wissen, wohin man unterwegs ist. Zu glauben bedeutet, mit beiden Füßen auf dem Boden und mit dem Herzen im Himmel zu sein.«

Danach drückte er mir lange die Hand und gab mir eine Bibel. Ich hatte schon mehrere Verse unterstrichen, als ich zum nächsten Treffen zurückkehrte.

Eigentlich war das alles nicht weiter erstaunlich. Schrott-Willy und Ellen hatten der Pfingstgemeinde angehört, auch wenn ich glaube, dass er nach ihrem Verschwinden im Fluss nicht mehr hingegangen war. Ich war aber dennoch überrascht, als Ruth und Esther einige Minuten nach Beginn des Treffens hereinschlichen und mich in die Mitte nahmen. Meine Bibel lag aufgeschlagen beim Buch Prediger, wo ich an diesem Morgen unterstrichen hatte: »Ich spreche zum Lachen: Du bist toll! Und zur Freude: Was schaffst du?« Ich hatte keinen roten Stift gefunden, deshalb hatte ich Grün nehmen müssen, auch wenn das nicht die Farbe war, die in der Gemeinde gemeinhin benutzt wurde. Grün gab den Worten nicht dieselbe Illusion von Feuer, aber an diesem Abend dachte ich nicht über die falsche Farbbenutzung nach.

Obwohl ich versuchte, mehrmals in der Bibel zu blättern, um aufs Geratewohl Worte zu finden, an die ich mich anlehnen könnte, die mich stark machen würden, fiel mir die Konzentration mit einem Zwilling auf jeder Seite doch schwer. Sie trugen ärmellose Kleider, und die Röcke reichten zwar züchtig bis unter ihre Knie, aber ich bekam doch mehr als genug Haut zu sehen. Und plötzlich ging mir auf, dass es keinen Ort in Skogli gab, an dem ich mich verstecken könnte, an dem ich meine Ruhe hätte. Immer würden die Schwestern Bergkvist dort sein. Sie würden sich natürlich nach und nach Freunde, Lebensgefährten und Ehemänner zulegen, vielleicht würden sie auch wegziehen, aber das würde seine Zeit brauchen. Es würde sehr viel Zeit brauchen, bei acht Schwestern, und obwohl die Älteste schon Mitte zwanzig war, hatte ich noch nie gehört, dass bei Schrott-Willy irgendwelche Liebhaber ein und aus gingen. Es würde außerdem einen ganzen Mann fordern, mit einer der Schwestern zusammen zu sein, jedenfalls, wenn die anderen weiterhin so gastfreundlich waren, wie sie sich mir gegenüber gezeigt hatten.

Jedenfalls konnte ich die Zwillinge an diesem Abend nach Hause fahren, ohne dass etwas passiert wäre, auch wenn sie sich stritten, wer vorn sitzen durfte. Die Blasse, ein wenig Füllige, von der ich jetzt wusste, dass sie Ruth war, trug den Sieg davon, und ich fragte, ob sie sich nicht so gern sonnte wie ihre Schwestern.

»Findest du, ich sollte brauner sein?«, fragte sie zurück, und ich bereute meine Worte sofort.

»Nein, natürlich nicht. Nicht alle mögen die Hitze.«

»Ich mag Hitze, aber nicht jetzt«, sagte Ruth.

Der restliche Sommer wurde ebenso heiß. In der dritten Juliwoche fuhr die Feuerwehr aus Kongsvinger fast im Pendelverkehr nach Skogli und musste drei Waldbrände löschen. In der folgenden Woche explodierten unten bei Schrott-Willy zuerst der Hinterreifen eines Volvos und dann der Vorderreifen eines Opels. Wenn ich nicht arbeitete, badete ich meistens, aber ich machte einen großen Bogen um den Kolk. Ich fuhr lieber zu einem See, der kurz vor der schwedischen Grenze lag, wo ich mich im Schatten ausruhen und an nichts denken konnte. Nur zweimal ging es schief mit mir und den Schwestern Bergkvist, und wenn ich an alle Gelegenheiten denke, die sich boten, dann finde ich das gar nicht schlecht. Rakel kam einmal allein mit zum Baden, und Sara entdeckte eines Abends in Kongsvinger, wo ich essen gewesen war, mein Auto. Rakel und Sara waren beide mehr, als ich mir je erträumt hätte, und wenn es nur eine von ihnen gegeben hätte, wäre ich jetzt vermutlich ein verheirateter Mann. Aber zum einen konnte ich mich nicht entscheiden, und wenn ich wirklich verliebt war, dann wusste ich nicht, in welche oder ob vielleicht in beide.

Nach der Sache in New Orleans hörte ich nichts mehr von Finn und wartete auch nicht mehr darauf, dass er sich zu einem Anruf herabließ. Am ersten Samstag im August war ich unterwegs zum Anwalt in Kongsvinger, um mich zu erkundigen, ob ein Grundstücksverkauf wohl machbar war, als Markus Grude auf den Hofplatz gefahren kam. Der Wachtmeister lächelte nicht, als er aus dem Wagen stieg.

Und jetzt sitze ich seit einem halben Jahr. Der Prozess war gleich nach Weihnachten, und ich werde meine Strafe erst im nächsten Jahr verbüßt haben. Als die Reederei im Oktober anrief und mir eine Heuer anbot, konnte ich nicht annehmen, weil die Polizei meinen Pass eingezogen hatte. Ich weiß nicht, wie groß meine Chancen sind, jetzt wieder auf See zu kommen. Wenn die Reederei erfährt, dass ich gesessen habe, und nicht zuletzt, weshalb, kann ich eine Heuer auf einem norwegischen Schiff gleich vergessen.

Auch den Verkauf des Hofes habe ich nicht in die Wege leiten können. Nach meiner Entlassung kann niemand mich daran hindern, nach Skogli zurückzukehren, aber ich ziehe das nicht als Möglichkeit in Betracht. Schrott-Willy hat ziemlich deutlich gemacht, welche Pläne er für mich hat, und wenn das Leben als Nachbar der Schwestern Bergkvist bisher schon schwierig war, dann könnte ich jetzt auch gleich den Lauf einer Mauser in den Mund nehmen. Deshalb denke ich ein wenig über Yukon nach. Auf der letzten Fahrt habe ich einen Maschinisten kennengelernt, den wir nur den Goldgräber genannt haben. Immer trug er in der Hemdtasche über seinem Herzen einen kleinen Goldklumpen, den er selbst ausgegraben hatte. Der Goldgräber hatte eine Hütte bei seinem Bruder in Kanada, und ich habe mir überlegt, wenn alles sonst den Bach runtergeht, kann ich ihm schreiben. Der Goldgräber hat oft erzählt, wie einsam diese Hütte gelegen ist. Einsam ist gut. Einsam bedeutet, weit weg vom nächsten weiblichen Wesen.

Es war übrigens seltsam, in der Lokalzeitung über mich selbst zu lesen. Die Presse hat den Prozess eifrig verfolgt, und ich wurde wie eine Mischung aus einem Abenteurer und einem Casanova dargestellt. Und ich wurde nachher gefragt, ob ich bereute, aber nein, das kann ich nicht behaupten. Auch nur eine Frau wie die Schwestern Bergkvist erlebt zu haben muss am Ende der Reise einem Mann das

Gefühl schenken, wenigstens einmal das Leben voll ausgekostet zu haben. Nein, so wie ich das sehe, hat die Sache sich für alle bis auf mich aufs Beste gelöst, als Ruth, etwas über einen Monat ehe ich in den Knast ging, einen Sohn zur Welt brachte, während Rakel und Sara ihre Jungen im März bekamen. Schrott-Willy kann also schon mal den Namenszug »& Sohn« oder vielleicht »& Enkel« für sein Schild üben.

Sogar mit Finn hat die Sache ein gutes Ende genommen, falls er noch lebt, meine ich. Ich habe nicht wieder von ihm gehört. Aber egal, als mir endlich aufging, warum er verschwunden war, dachte ich, es sei eigentlich auch in Ordnung, nicht zu leugnen. Ich kann auch nicht behaupten, Ruth gegenüber Bitterkeit zu verspüren, Finn und ich sind doch vom selben Blut, und natürlich kann es nicht leicht gewesen sein, fünfzehn Jahre zu sein und die zitternden Zeigefinger von Vater und Wachtmeister vor der Nase zu haben und immer wieder gefragt zu werden: Wer, wer? Natürlich war es da leichter für Ruth, einfach über den Zaun zu nicken, statt auf die Landstraße zu zeigen. Natürlich hätte ich widersprechen und eine Blutprobe verlangen können, aber zum einen hätte das ja nicht geholfen, was Sara und Rakel betrifft, und zum anderen bin ich trotz allem ein großer Bruder. Es ist besser, wenn nur einer von uns in Skogli für alle Ewigkeit unmöglich wird, als dass wir beide am Pranger stehen müssen. Außerdem war es sicher auch nicht immer so witzig, Finn zu sein. Er musste doch zu Hause bei unseren Eltern wohnen, während ich die Welt sah. Deshalb kommt es mir gerecht vor – gewissermaßen –, dass ich jetzt für ihn einsitze, während er unterwegs ist und Stempel in seinem Pass sammelt.

»Ein jeglich Ding hat seine Zeit«, steht im Buch Prediger. Ich habe die letzten Monate verwendet, um die Bibel zu lesen, die ich von Donnerwetter bekommen habe, und jedes Mal geht es mir auf: Ich bin nicht der erste, der sich in solch einen Schlamassel gebracht hat. Männer Gottes, Könige und Weise, sie alle waren schon hier. Diese Vorstellung macht es mir leichter, die Abende zu ertragen, denn natürlich finde ich das Dasein hier schwer, manchmal sehr schwer. Ich bin es nicht gewohnt, eingesperrt zu sein, und seit ich achtzehn war, haben nie mehr als vier Monate zwischen zwei Reisen gelegen. Mir wird noch immer schwindlig, wenn der Boden unter mir sich nicht bewegt. Wenn ich auf meinem Bett stehe und ich mich so weit recke, wie es überhaupt nur möglich ist, kann ich die Glomma wie ein Schimmern mitten in der Stadt ahnen. Oder vielleicht ist es nur Wunschdenken, dass ich sie sehe, aber ich weiß immerhin, dass sie da ist, dass sie bis Fredrikstad fließt, bis ins Meer. Das gibt mir Trost.

KJERSTI SCHEEN

Mit jedem Beliebigen

Das Gegenteil von Liebe ist nicht Hass,
es ist die Unsichtbarkeit.
Wir tun beinahe alles, um gesehen zu werden,
zumindest für einen bestimmten Menschen.
Wenn dieser eine verschwindet,
tun wir alles Mögliche, und zwar mit jedem Beliebigen.

Ich erwachte aus einem Traum und schälte mich aus der klammen Decke.

Wie heiß es war!

Die Haut glühte noch von dem langen Sonnentag, ich sah zum Fenster. Es stand weit offen, kein Wind zerrte an den Fensterhaken, es war eine ruhige Nacht. Eine ganz und gar blaue Nacht, ich versuchte das Zifferblatt meiner Uhr zu erkennen: nichts, nur ein brauner Arm.

Die Uhr.

Sie lag unten am Badesteg.

Mir war es kurz vor dem Einschlafen eingefallen, doch ich hatte es verdrängt. Ich war so müde gewesen! Eine ganze Flasche Rotwein, während das Feuer im Kamin langsam in sich zusammensackte und die Sonnenhitze in die Haut stieg.

Meine Uhr ist nicht wasserdicht.

Ich muss sie abnehmen, ehe ich bade. Häufig vergesse ich

es und merke es erst, wenn ich auf dem Weg ins Wasser bin. So war es auch heute gewesen. Dann hatte ich sie abgenommen und auf den Steg gelegt.

Das Dumme war, dass ich sie dort vergessen hatte, ich war bis zum kleinen Sandstrand geschwommen und dort an Land gegangen.

Wie konnte ich nur so dumm sein!

Aber es war so ein schöner Abend gewesen, das Wasser hatte sich wie Seide an die Haut geschmiegt, und ich hatte immer noch geglaubt, dass er kommen würde.

Er war nicht gekommen. Ich hatte den Wein allein ausgetrunken und versucht, so wenig wie möglich nachzudenken. Denn wenn er jetzt nicht kam, dann bedeutete das, dass er nie mehr kommen würde.

Genau das hatte ich am Telefon gesagt: »Wenn du kommst, sitze ich hier und warte auf dich, dann reden wir miteinander über all das, worüber wir reden müssen. Wenn du nicht kommst ...« Er hatte mich unterbrochen, eilig (er war gerade mitten in einer Besprechung gewesen, mein Mann ist ein vielbeschäftigter Mensch), und hatte gesagt: »Natürlich komme ich. Wenn ich es dir doch sage!«

Aber ich wiederholte: »Und wenn du nicht kommst, dann rechne ich damit, dass zwischen uns Schluss ist!«

Dann hatte er geschwiegen, lange, und dann hatte ich aufgelegt.

Ich stand in einer Telefonzelle auf dem Festland, hier draußen auf der Insel haben wir kein Telefon. Und ich hatte nichts mehr zu sagen gewusst.

Vielleicht war es dumm von mir. Aber wie viele Liebhaberinnen soll man dulden? Ich habe drei geduldet. Im Fünfjahresabstand. Jetzt hat er die vierte, so geht jedenfalls das Gerücht. Er hat zu viel in der Stadt zu tun, um ins Sommerhäuschen zu kommen. Und ich habe keine Kinder mehr, die ich vorschieben könnte (»Dann denk doch wenigstens an die Kinder! Sie warten so auf dich!«).

Nein, diesen Sommer sind die Kinder per Interrail unterwegs und beim Freund in Son und mit der Freundin in den Bergen. Dort sind die Kinder diesen Sommer. Denn sie sind erwachsen.

Ich bin nicht besonders stark. Ich heulte, während ich den Rotwein trank.

Dass ich nicht bemerkt hatte, dass die Uhr weg war!

Es lag wohl daran, dass ich nur ab und zu auf die alte Standuhr gesehen hatte. Die längst an der Zeit vorbeigetickt und -getackt war, zu der er hätte kommen sollen.

Und jetzt? Ich stehe auf und gehe ins Zimmer: Halb zwei ist es. Das Zifferblatt mit seinem »Memento mori« leuchtet bleich im Halbdunkel.

Dann muss ich raus. Im Sommer pinkeln auch Mädchen draußen. Das Klo liegt so weit weg, ganz oben auf der Felskuppe, und es ist dunkel auf dem Pfad dorthin, da ist es bequemer, das Nachthemd hochzuziehen und sich einfach ins Gras zu hocken.

Es ist so still. Still und eigenartig warm.

Und der Himmel ist eine dunkelblaue Glaskuppel und das Meer eine dunkelblaue Glasschüssel, und die Insel schwimmt mittendrin.

Ich beschließe, hinunterzugehen und die Uhr zu holen. Zugegebenermaßen ist es windstill, und es herrscht Niedrigwasser, aber ich habe heute Abend die Vorhersage gehört, und soweit ich weiß, soll das Wetter umschlagen. Es kann windig werden, mit Regen und Hochwasser, und morgen steht vielleicht der ganze Badesteg unter Wasser, und damit auch meine Uhr.

Es ist eine teure Uhr.

Das ist mir immer schon wichtig gewesen: teure Sachen.

Irgendetwas im Leben muss man ja haben, das einem etwas bedeutet.

Irgendwo mitten in der Weinflasche vor dem Kamin heute Abend hat sich das, glaube ich, geändert, aber dennoch will ich meine Uhr auf dem Badesteg holen, ehe das Wetter umschlägt und der Morgen kommt.

Der Weg ist glitschig von den braunen Tannennadeln.

Der Steg leuchtet silbergrau im Halbdunkel, darunter seufzt das Wasser vor und zurück.

Es riecht nach Geißblatt und nach Meer.

Die Uhr liegt auf der obersten Treppenstufe, wo ich sie hingelegt hatte.

Ich gehe in die Hocke und bin gerade dabei, sie mir ums Handgelenk zu binden, da höre ich es: das regelmäßige Schlagen von Rudern, ganz in der Nähe.

Wer rudert durch die Nacht?

Wer rudert überhaupt noch heutzutage?

Ich setze mich auf den Steg und lasse die Beine hinunterbaumeln, ich sitze da in dem zerknitterten weißen Nachthemd, und das vom Meersalz störrische Haar hängt struppig auf den Rücken hinab, während ich darauf warte, dass derjenige, der dort herumrudert, die Halbinsel am Steg passiert.

Warum ich warte?

Müsste ich nicht – schnell! – den Pfad zum Häuschen hochlaufen, statt hier halb nackt herumzusitzen, während sonstwer kommen kann?

Nein, jetzt warte ich.

Auf jeden Beliebigen.

Und dann kommt er.

Es ist ein altmodischer breiter Kahn. Dunkel gebeizt. Er sitzt mit dem Rücken zu mir, er ist aus früheren Zeiten hierhergerudert, nicht wahr, mit seiner Schiebermütze, seiner Matrosenjacke und dem kragenlosen Hemd.

Nein, das ist gelogen.

Jeder Beliebige trägt ein T-Shirt, Jeans und ein Halstuch.

Das trägt er, und jetzt ist er so nah, dass ich den Stoß mit nacktem Fuß auffange, und er nimmt die Ruder ins Boot und steht auf, steigt über die Ruderbank und wirft das Tau auf den Steg. Dann umfasst er meine Fußgelenke, und ohne ein Wort zu sagen, lässt er seine Hände nach oben gleiten.

Jeder Beliebige darf das tun.

Jetzt hat er eine Hand an jedem Knie, und das Nachthemd ist hochgerutscht, und wo ich nicht braun bin, da bin ich sehr weiß.

»Wie furchtbar heiß du bist«, sagt er leise.

Ich nicke. »Ich habe so einen Sonnenbrand«, flüstere ich.

Er küsst mich, wo mich jetzt jeder Beliebige küssen darf, und ich lehne mich nach hinten, lege den Kopf in den Nacken und sehe in die blaue Kuppel, die der Himmel ist, und höre das Wasser seufzen.

Er seufzt auch, seufzt und küsst.

Ganz tief in mir seufzt es ebenfalls, ich drücke die Knie vorsichtig gegen seinen Kopf und löse sie wieder, dann sage ich: »Wollen wir nicht raufgehen?«

Es gibt noch eine Flasche Wein, die ich nicht geöffnet habe.

Und er kommt auf den Steg, vertäut das Boot und folgt

mir den Pfad entlang. Die Tür nach draußen in die blaue Dunkelheit steht offen, als er mich zu sich nimmt und mir mein Nachthemd über den Kopf zieht. Dann küsst er mich an den anderen Stellen, an denen ich weiß bin.

»Was hast du unten am Steg gemacht?«, fragt er. Undeutlich.

»Ich habe auf jeden Beliebigen gewartet«, sage ich.

»Jetzt bin ich ja gekommen«, meint er und küsst mich auf den Mund.

»Du bist spät gekommen«, entgegne ich.

»Das Boot wollte heute Abend nicht starten«, sagt er. »Ich habe ewig lange versucht, jemanden zu finden, der mich hätte übersetzen können, aber alle sind offenbar auf Wochenendausflug. Alles war geschlossen und verriegelt. Ich musste Gabriels Kahn nehmen. Ja, das hast du ja gesehen.«

Er geht in die Hocke und küsst mich weiter.

Ich öffne langsam die Beine.

»Hast du wirklich auf jeden Beliebigen gewartet?«, fragt er und sieht mir ins Gesicht.

Ich nicke.

Aber jetzt glaube ich nicht mehr an das Gerücht. Man soll ja auch nicht alles glauben, was man so hört.

CECILIA DAVIDSSON

Flaute

Sie öffnete das eine Auge, blieb liegen und sah über die Reling. Sie war eingeschlafen und hatte vielleicht geschnarcht, jedenfalls fühlte sich ihr Hals so an. Der Mann namens Rickard saß zurückgelehnt da, die Ruderpinne am Oberschenkel. Mit zusammengekniffenen Augen starrte er wieder Richtung Horizont; etwas war dort draußen passiert.

»Super, was?«, sagte Rickard.

Sie setzte sich umständlich auf und drehte sich um. Der Horizont hatte sich in etwas Weißes, Milchiges verwandelt, und darin tauchten Inseln, Berge und die Silhouetten ganzer Städte auf.

»Was ist das?«, fragte sie. »Ist es wirklich?«

»Ja und nein. Das hängt mit dem Licht zusammen«, meinte er und reichte ihr das Fernglas. »Bei bestimmten Lichtverhältnissen spiegelt sich alles gegenseitig – Himmel, Meer und Land.«

Sie schaute durchs Fernglas, während er weiter über das Licht, über dünne Nebelschleier und die Brechung des Lichts sprach, und sah dieselben unerklärlichen Silhouetten, aber dieses Mal größer, und sie dachte an fremde Zivilisationen, die aus den Tiefen des Meeres aufstiegen. Sie ließ das Fernglas sinken und unterbrach ihn: »Es ist sinnlos, mir das erklären zu wollen. Ich begreife es ja doch nicht.«

Sie gähnte und wedelte entschuldigend mit der Hand vor dem Mund.

»Das muss die Luft sein.«

»Das geht vorüber«, sagte er, beugte sich vor und drehte die Kurbel der Winsch eine halbe Umdrehung, um das Segel noch weiter zu spannen. Er tat alles im Sitzen; spannte die Leinen mit der Rechten und steuerte mit der Linken.

»Als hätte mir jemand eins übergezogen. So müde bin ich«, sagte sie.

»Schlaf halt noch ein wenig«, meinte er.

Das Segel schlug, und er zog die Leinen weiter an, beobachtete das Segel, wartete.

Als sie das nächste Mal erwachte, war alles still. Das Segel hing schlaff herunter, und das Boot schaukelte unmerklich. Der Horizont war frei, bis auf ein paar vereinzelte Schären. Rickard hatte sein T-Shirt abgelegt; sie stellte fest, dass sein Körper unbehaart war und kein unnötiges Fett aufwies.

»Der Wind hat sich leider gelegt«, sagte er.

»Das merke ich«, entgegnete sie. »Was machen wir jetzt?«

»Warten.«

Sie sah ihn an. Es schien ihm nichts auszumachen, dazusitzen und auf Wind zu warten.

»Wo sind die ganzen Boote abgeblieben?«, fragte sie.

»Die meisten bleiben innerhalb der Schären«, antwortete er.

»Sind wir sehr weit draußen?«

»Drei Seemeilen vor Sandhamn.«

Ihr sagte das nichts. Sie hatte vergessen, wie viele Kilometer einer Seemeile entsprachen. Nichts blieb hängen. Sie knöpfte das Bikinioberteil auf, wollte die Gelegenheit nutzen, jetzt, wo es endlich einmal warm war. Er lächelte zustimmend. Irgendetwas muss man schließlich beitragen, dachte sie und streckte Arme und Beine aus. Er fasst mich nicht an, noch nicht.

»Gut siehst du aus«, sagte er.

»Findest du?«, erwiderte sie und tauchte mit ihrem Blick ins Wasser. Es erinnerte sie an zähflüssiges Metall. Aus den Augenwinkeln sah sie, dass er seine Shorts zurechtzog. Na ja, dachte sie, so war's auch wieder nicht gemeint. Obwohl es eine gute Gelegenheit gewesen wäre, das Boot bewegte sich kaum, und nicht einmal eine Möwe befand sich in der Nähe. Wenn er jetzt einen Versuch starten würde, würde sie ihn nicht abhalten. Es war geradezu seltsam, dass er es nicht versuchte.

Dann sah sie einen Schatten gekräuselten Wassers hinter dem Boot oder »von achtern« kommen, und der Wind holte sie ein, gab dem Boot einen Stoß und kühlte ihre Haut. Mit einem Mal hatten sie wieder Tempo. Rickard hatte sich aufgerichtet und aufgefiert, der Wind bauschte das Segel. Er nahm seinen Pullover und warf ihn ihr zu.

»Du frierst«, sagte er.

»Übertreib mal nicht«, erwiderte sie, warf den Pullover zurück und kletterte runter in die Kajüte. Dort unten neigte sich alles ziemlich, und ihr war schon übel, bevor sie überhaupt ihren Rucksack geöffnet hatte, um den Pullover herauszunehmen, den sie am Vortag gekauft hatte. Einen dunkelblauen Herrenpullover mit einem breiten roten Streifen auf der Brust. Sie hatte sich bereits vorgenommen, ihn irgendwann ihrem Bruder zu schenken.

Das Boot schlingerte, sie verlor das Gleichgewicht und knallte mit der Hüfte gegen die Spüle. Sie fluchte, hielt sich an der Tischkante fest und wartete darauf, dass sich das Boot wieder aufrichten würde. Der Pullover lag auf dem Fußboden. Als sie sich bückte, um ihn aufzuheben, musste sie sich fast übergeben. Sie stemmte sich die Treppe hoch.

»Alles okay mit dir?«, fragte Rickard.

»Geht so«, sagte sie, kauerte sich an die Kante des Cockpits und blieb reglos sitzen.

»Das geht vorbei«, meinte er.

Sie spürte, dass die Farbe in ihre Wangen zurückkehrte.

»Guter Tag auf See. Wir kommen im Augenblick nicht unter fünf Knoten«, sagte er.

Erleichtert stellte sie fest, dass ihre Übelkeit bereits verschwand. Vom Winde verweht, dachte sie.

»Schon seltsam, dass man das Meer auch See nennt«, sagte sie.

Er lächelte schwach.

Sie erwachte aus einem Traum, in dem sie sich unter einem Bett versteckt hatte. Sie erinnerte sich nicht, warum und wovor sie solche Angst gehabt hatte, und sie erinnerte sich auch nicht daran, eingeschlafen zu sein. Sie war verschwitzt, und ihre Glieder waren genauso schwer wie vorher.

»Hallo«, sagte Rickard.

»Ich begreife überhaupt nichts. Diese Luft ...«, sagte sie und fuhr sich mit den Händen durchs Haar. Ein Kopftuch hätte ihr gestanden, ging es ihr durch den Kopf, warum hatte sie nur nicht daran gedacht?

»Ist der Wind wieder weg?«

»Ja, aber er kommt zurück«, meinte er.

Es gibt doch auch einen Motor, dachte sie, aber vielleicht darf man den ja nicht anwerfen.

»Wann denn?«, wollte sie wissen.

»Das weiß man nicht«, erwiderte er.

Verdammt, dachte sie, so geht das nicht. Sie richtete sich auf und sah sich resolut um.

»Mein Großvater ist auch recht viel gesegelt«, meinte sie.

»Sieh einer an«, meinte Rickard. »Dann kennst du dich also aus.«

»Er hat mir die Knoten beigebracht, als ich klein war«, sagte sie, öffnete die Luke ganz hinten im Boot, nahm einen Fender heraus und hängte ihn auf die Backbordseite über das Netz, das wie ein Zaun das Deck umgab. Dann stand sie mit dem Tauende in der Hand da und sah Rickard flehend an. Dieser machte die Ruderpinne fest, stellte sich neben sie und zeigte ihr, wie man einen Webeleinstek macht. Sie machte das Tauende wieder los und band den Knoten erneut, während er neben ihr stand und ihr Anweisungen gab. Als ihr der Knoten zweimal hintereinander geglückt war, sagte er: »Jetzt kannst du es.«

Er setzte sich, und sie ging auf die andere Seite und legte das Tauende über die Reling und hatte alles wieder vergessen. Sie versuchte sich vorzustellen, wie sie die Knoten auf der Backbordseite machen würde, dann hörte sie auf, nachzudenken, und knotete nach Gefühl. Irgendeinen Knoten ergab das schon.

»Versuch's noch einmal«, sagte Rickard.

Sie fing nochmals an und konzentrierte sich. Das Ergebnis sah zumindest richtig aus.

»Fast ein Webeleinstek«, sagte Rickard.

Da riss sie das Tauende los und warf den Fender über Bord. Rickard versuchte ihn noch zu erhaschen.

»Oh«, sagte sie. »Das wollte ich nicht.«

Sie sahen beide der davontreibenden Plastikwurst hinterher.

»Entschuldige«, sagte sie. »Ich war auf einmal so wütend.«

»Macht nichts«, erwiderte er. »Es gibt noch mehr.« Er öffnete die Luke und nahm einen neuen Fender heraus.

Sie legte das Tauende über die Reling. Dann machte sie fünf Webeleinsteks hintereinander. Mithilfe einer Leine übten sie dann, einen Palstek um die Winde zu legen, anschließend um ihren Fuß, um Rickards Fuß, dann wieder um die Winde. Sie machte es fünfmal richtig und beim sechsten Mal wieder falsch.

»Du bist zu müde«, meinte Rickard.

»Ja, irgendwas stimmt nicht. Ich bin vollkommen erledigt«, sagte sie und kauerte sich auf die Polster. »Vielleicht werde ich ja krank.«

Rickard richtete sich auf, machte den Fender los und warf ihn in den Stauraum.

»Oh«, sagte sie. »Ich habe vergessen, ihn wegzunehmen.«

»Das macht nichts«, meinte er.

Diese Plastikwürste könnten doch die ganze Zeit am Boot hängen, dachte sie. Das würde einem einiges an Arbeit ersparen.

Als sie das nächste Mal erwachte, sah sie Land: Felsen, Kiefern und Büsche. Sie konnte sich keinen Reim darauf machen. Rickard war nicht zu sehen, und sie ging runter in die Kajüte, in der die Kaffeemaschine gluckerte. Sie holte die Schachtel mit den Schmerztabletten und schluckte zwei mithilfe eines kleinen Restes Mineralwasser. Die Kühlbox war voller Lebensmittel und Flaschen. Eine Flasche Gin, zwei Flaschen Weißwein und kleine Flaschen mit Tonicwater. Ihr

Rotwein lag immer noch in ihrem Rucksack. Sie ging auf die Toilette, schloss die Tür hinter sich ab und betrachtete sich im Spiegel an der Tür, während sie pinkelte. Sie fuhr sich mit den Händen durchs Haar. Es war strähnig und zerzaust. Sie fand, dass sie vollkommen bescheuert aussah. Überhaupt nicht wie an jenem Abend. Da hatte sie wirklich eine gute Figur gemacht. Jetzt saß sie hier zerzaust und verquollen und wusste nicht einmal, wo sie sich befand. Munsö, Nämdö, Mansö? Es würde sich wohl allmählich legen, dachte sie, drehte den Wasserhahn auf und wusch sich zwischen den Beinen. Die Wasserpumpe kreischte. Sie trocknete sich ab und zog die Hose wieder hoch. Auf Deck waren Schritte zu hören, und sie öffnete die Tür und ging die Treppe hoch.

»Hallo«, sagte er.

»Hallo. Warum hast du mich nicht geweckt?«

»Du hast so gut geschlafen.«

»Ich verstehe nicht, dass ich nicht aufgewacht bin, während du vor Anker gegangen bist und so.«

Er lachte.

»Ja, mich wundert es eigentlich auch.« Dann streckte er plötzlich die Hand aus und fuhr ihr durchs Haar. »Weißt du, dass du leise Geräusche machst, wenn du schläfst, wie ein kleiner Hund?«

»Du hättest mich wecken sollen.«

Er ging runter in die Kajüte, und sie beeilte sich, ihr Haar zurechtzumachen. Sie hörte, wie er die Tür zur Toilette öffnete, und ihr fiel auf, dass sie vergessen hatte, die Spülung zu betätigen. Jetzt musste er es tun. Er musste ihr Pipi ins Meer pumpen. Ein Glück, dass es nicht mehr war.

Mit zwei Bechern Kaffee und einer Tüte Mandelplätzchen kam er wieder nach oben. Die Becher waren weiß und mit blauen Ankern verziert. Fürchterlich hässlich, fand sie, wie alles andere auf dem Boot.

Er setzte sich und sah sich zufrieden um.

»Was Besseres gibt es kaum, finde ich«, sagte er.

Sie nickte und trank rasch ihren Kaffee, sie wollte wieder munter werden und ihre gute Laune zurückgewinnen, aber die hielt sich stur auf Abstand.

»So ist es nun mal«, sagte er.

Sie nickte wieder und merkte, dass sie sich die Zunge verbrannt hatte.

»Es wäre schön, an Land zu gehen«, sagte sie.

»Na klar«, erwiderte er.

Sie kletterte aus dem Cockpit, hielt sich an einem Stahlseil fest und ging über das Deck, das ihres Erachtens immer noch gefährlich glatt aussah, obwohl es schon stundenlang von der Sonne beschienen wurde. Rickard überholte sie, sprang rasch an Land und hielt ihr die Hand hin. Als sie trotzdem zögerte, zog er das Boot näher an den Felsen heran.

»Spring!«

Sie schloss die Augen und sprang.

Später lagen sie auf dem Felsen, und er sagte: »Es sah fast so aus, als hättest du beim Springen die Augen zugemacht.«

»Ach«, erwiderte sie.

»Das sah gefährlich aus.«

Er schloss die Augen und schlief schon nach einer Minute ein. Sie hatte ihre Hand eigentlich in seine Shorts schieben und ihn streicheln wollen, aber sie kam nicht dazu. Das hätte ihm gefallen, dachte sie, alle Männer mochten es, wenn man ihnen ab und zu an den Schwanz fasste.

Aber jetzt schlief er. Es war eigentlich ganz angenehm, dass er schlief. Das gab ihr die Möglichkeit, über ihn und die ganze Sache nachzudenken. Sie musste wirklich einen Augenblick allein sein, ein wenig Abstand gewinnen. Das Boot, das Segel und der Wind, der kam und wieder verschwand, all das war für sie sehr ungewohnt.

Vorsichtig erhob sie sich, ging über die Felsen und zu den niedrigen Bäumen, zwischen denen ein Pfad verlief. Sie musste sich etwas bewegen, womöglich lag es daran. Vielleicht würde sie ja später ihre Joggingschuhe anziehen und eine Runde laufen. Vielleicht gab es auf der Insel auch eine Sauna. Vielleicht würden sie sich ja in der Sauna lieben.

Der Wald bestand hauptsächlich aus Kiefern und Preiselbeerbüschen. Sie befand sich plötzlich in einer anderen, stillen und warmen Welt, die ihr gefiel, aber auch bald wieder endete. Sie war bereits auf der anderen Seite der Insel angelangt, bei ein paar kleinen roten Häusern, die direkt am Wasser lagen. Hinter einem der Häuser tauchte ein alter Mann mit blauem Schifferhemd und Schirmmütze auf. Er blieb stehen und starrte sie an. Glotzte. Sie hob den Arm zum Gruß. Er reagierte nicht. Blöder Alter, dachte sie und ging zurück in den Wald. Hatte sie etwa nicht das Recht, dort zu stehen?

Rickard lag immer noch da und schlief. Sie wusste noch nicht so recht, ob er jetzt gut aussah oder nicht. Wie er so dalag mit hängenden Wangen und offenem Mund, war er fast schon hässlich. Sie setzte sich hin und wünschte sich, dass er erwachen würde, obwohl sie weder hatte nachdenken noch Abstand gewinnen können. Sie schrappte mit dem Fuß über den Fels, bis er davon erwachte.

»Hallo«, sagte er und lächelte. »Ich muss eingeschlafen sein.«

»Vermutlich hattest du es nötig«, meinte sie.

»Ist das Abendessen fertig?«, fragte er und lachte.

»Oh, darüber haben wir noch gar nicht geredet«, erwiderte sie.

»Und was meinst du?«

»Du hast doch eingekauft.«

»Du bist doch nicht etwa Vegetarierin?«

»Aber fast«, antwortete sie und lächelte entschuldigend. »Das hätte ich dir natürlich sagen sollen. Aber ich habe es vergessen. Mittlerweile scheint eh schon jeder zweite Vegetarier zu sein.«

»Glaubst du das?«

Er klatschte seine Hände auf die Oberschenkel und richtete sich auf.

»Das kriegen wir schon hin«, sagte er. »Ich habe auch Unmengen Kaninchenfutter gekauft.« Er reichte ihr die Hand, sie nahm sie, und er zog sie hoch. Er hielt ihre Hand fest, bis sie sie zurückzog. Im Nu war er wieder auf dem Boot und erwartete sie mit seiner ausgestreckten Hand.

»Hier bräuchte man eine Leiter«, sagte sie.

»Du schaffst das schon«, erwiderte er.

Nach einigem Zaudern setzte sie den einen Fuß ganz vorn im Bug auf und ließ sich hochziehen.

Er wies sie an, sich dorthin zu setzen, wo sie schon den ganzen Tag gesessen hatte, auf die blauen Sitzpolster mit den doppelten Kissen im Rücken. Sie dürfe nicht in die Kajüte herunterkommen, meinte er. Pfeifend mixte er ihr einen Drink. Sie nippte daran und merkte, dass er sehr stark war. Typisch, dachte sie.

Er ließ die Eiswürfel in seinem Glas klirren, trank einen Schluck und sagte, er sei froh, dass sie habe mitkommen wollen. Er freue sich auch über das gute Wetter und darüber, dass es wahrscheinlich einen schönen Abend geben würde. Er sagte, sie sei schön in dem rötlichen Licht und dass er sie genau so fotografieren wolle. Dann streckte er die Hand aus und versuchte, ihr Gesicht so zu drehen, dass er ihr in die Augen sehen konnte, und als sie ihn anschaute, sah sie ihre Nase in seinen Augen, vor allen Dingen ihre Nase. Und sie nahm den Geruch aus seinem Mund wahr, von Gin und irgendetwas anderem. Plötzlich verspürte sie eine große Mattigkeit in den Beinen und Armen und ließ zu, dass er sie an seinen Mund und seine Lippen zog, ließ sich küssen. Später, dachte sie, in der Sauna oder nachdem wir geschwommen sind, nachdem wir gegessen und die Zähne geputzt haben, denn jetzt war einfach alles zu klebrig, und außerdem kochte etwas so heftig auf dem Herd, dass Wasserdampf aus der Kajüte aufstieg.

»Irgendwas nicht in Ordnung?«, fragte er. »Du brauchst es einfach nur zu sagen.«

»Nein, alles bestens«, sagte sie.

»Weißt du, wir müssen nicht miteinander schlafen«, meinte er. »Es reicht schon, wenn wir es uns ein bisschen kuschelig machen.«

Kuschelig, dachte sie, ein Kuschelabend zu Hause – Sofa, Glotze, Chips. Sie hatte dieses Wort immer irgendwie anstößig gefunden.

»Klar«, erwiderte sie.

Er ging runter in die Kajüte und nahm Teller, Besteck und zwei Weingläser aus einem Schrank. Sie deckte den Tisch. In einiger Entfernung sah sie ein kleines Segelboot in eine Bucht einlaufen. Auch dort ein Mann und eine Frau plus ein großer Hund, der im Bug stand. Sie hoben einen Arm zum Gruß. Sie winkte zurück. Die wollen sicher zu zweit sein, dachte sie, sonst könnten sie rüberkommen, auf ein Glas oder zwei.

»Fühl mal«, sagte Rickard und reichte ihr eine beschlagene Flasche Weißwein. Sie nahm die Flasche und betrachtete das Etikett, goss dann ein und probierte einen Schluck.

»Ach so, du hast schon angefangen«, sagte er, als sein Kopf wieder zum Vorschein kam. »Und was ist deine Meinung dazu?«

»Wie bitte?«

»Was hältst du von dem Wein?«

»Doch. Gut.«

Das Abendessen bestand aus muschelförmigen Nudeln in Olivenöl mit Knoblauch, Zwiebeln, Cocktailtomaten, Basilikum und dem längsten grünen Spargel, den sie je gesehen hatte.

»Das sieht doch richtig gut aus«, meinte sie. »Trotz allem.«

»Tja, mit etwas gutem Willen«, erwiderte er. »Nur der Wille zählt«, fuhr er fort und hob sein Glas.

»Klar«, sagte sie und stieß mit ihm an.

Später stand sie an Land und betrachtete das Boot. Das Schnarchen war bis nach draußen zu hören.

Sie waren runter in die Kajüte gegangen, um den Mücken zu entgehen, hatten den Fernseher angemacht, um die Nachrichten zu sehen, und waren dann sitzen geblieben, obwohl das Bild schlecht war. Er hatte ihr seinen Arm um die Schultern gelegt. Sie hatte dem Plätschern draußen gelauscht und dem unregelmäßigen Schlagen der Leinen gegen den Mast, und sein Arm war immer schwerer geworden.

Es war nicht mal zehn Uhr. Er muss fix und fertig sein, dachte sie, und sie fühlte sich ausgeschlafen und würde die halbe Nacht wach liegen.

Sie musste sich bewegen, sie musste einen Spaziergang machen, bevor das letzte Licht verschwand, und dann weitersehen. Entweder würde sie das Buch anfangen, das sie mitgenommen hatte, oder zu ihm in die Koje kriechen und dafür sorgen, dass sie doch noch miteinander schliefen.

Sie ging auf den glatten Felsen am Wasser entlang, kletterte höher und erreichte eine Art Aussichtspunkt, von dem aus sie die andere Bucht und das Boot mit dem Paar und dem Hund sehen konnte. Dort war alles dunkel. Was ist bloß mit diesen Leuten los?, dachte sie.

Inzwischen war es viel dunkler geworden, und sie beschloss zurückzugehen, ehe es zu spät wurde. Vielleicht war es ja bereits zu spät. Sie glitt langsam die Felsen hinunter, hatte es aber trotzdem zu eilig und schürfte sich die Handflächen auf. Sie fluchte innerlich. Als sie zum Boot zurückkam, war es so dunkel, dass sie den Abstand zwischen Felsen und Bug nicht abschätzen konnte. In der Hocke rutschte sie nach unten bis zum Tau, packte es und versuchte, das Boot heranzuziehen, hatte aber nicht genug Kraft, es zu bewegen. Sie kletterte wieder den Felsen hoch und richtete sich auf. Irgendwie hatte sie geglaubt, er sei wach und würde ihr auch dieses Mal helfen. Jetzt musste sie springen oder schreien, damit er wieder zu sich kam.

Wie sie so etwas hasste!

Eine Weile stand sie leicht vornübergebeugt da und wippte auf den Fußsohlen, bis sie schließlich das rechte Bein nach vorne schnellen ließ. Sie landete mit einem Fuß auf dem Deck und einem Knie auf der äußersten Bugspitze. Sie erstickte den Schrei und kroch vorwärts, hielt den Atem an und blieb mit fest angezogenem Knie liegen.

Er stand mitten im Cockpit und steuerte mit der Ruderpinne zwischen den Knien. Vor sich hatte er eine große Seekarte ausgebreitet.

»Guten Morgen«, sagte sie.

»Hallo«, erwiderte er.

Er ist wirklich gut aussehend, dachte sie, jetzt, wo er ein bisschen braun geworden ist. Er wurde offenbar schnell braun. Es gab Vierzigjährige, die aussahen wie alte Männer. Er aber nicht. Offenbar gute Erbanlagen. So etwas war nicht zu übersehen, trotzdem war es etwas merkwürdig, dass er so haarlos war, fand sie, selbst die Unbehaartesten wiesen für gewöhnlich einen schütteren Bewuchs um die Brustwarzen auf.

»Wie lange habe ich geschlafen?«

»Lang genug, hoffe ich.«

»Das hoffe ich auch.« Sie machte sich an den Sitzkissen zu schaffen. »Glaubst du nicht, dass man sich daran gewöhnt? Ich meine, in einer Woche müsste man sich doch wohl an die Luft gewöhnt haben?«

»Ja, vermutlich. Willst du das Ruder übernehmen?«

»Jetzt nicht. Vielleicht später. Ich bin noch nicht ganz wach.«

Sie streckte die Beine aus und sah verstohlen zu ihm hinüber. Ja, sie hatte bessere Laune, ihr Körper fühlte sich unbeschwerter an, obwohl ihr das Knie wehtat. Sie wollte nicht erzählen, wie unbeholfen sie gewesen war. Es tat so weh, dass sie schon alle ihre Schmerztabletten aufgebraucht hatte.

Wahrscheinlich würde er irgendwann fragen – es konnte ihm kaum entgehen. Das ganze Knie war blau.

»Wir sind nur eine Stunde vom Hafen entfernt«, sagte er.

»Oh«, erwiderte sie. Offenbar hatte sie seine Pläne missverstanden. Sie hatte geglaubt, dass sie den ganzen Tag unterwegs sein und erst am Abend zurückkommen würden. Es war fast schade, denn keine einzige Wolke zeigte sich am Himmel. Eine Stunde. Das war nichts. Irgendwie gefiel ihr das nicht. Aber vielleicht war es gut so. Im Grunde genommen wollte sie nur weg von diesem Boot, damit sie miteinander sprechen konnten. Irgendwie ging das an Bord nicht. Da war so viel anderes: die Müdigkeit, der Wind, die Leinen, das Segel. An Land würden sie besser miteinander reden können. Sie würde ihn zum Mittagessen einladen, um sich zu bedanken, und dann würden sie ganz in Ruhe reden können.

»Du musst früh aufgestanden sein«, sagte sie.

»Tja, mit der Sonne«, erwiderte er.

»Oh«, sagte sie.

Da war auch schon der Hafen, in dem die weiß glänzende Armada der Segelboote lag. Er hatte immer noch nichts über ihr Knie gesagt. Er hatte überhaupt nichts gesagt. Sie hatte das Gefühl, dass etwas nicht in Ordnung war – falls er nicht einfach nur schweigen wollte. Auf See hatte Ruhe zu herrschen, das hatte er selbst gesagt.

Er drehte das Boot um neunzig Grad, warf den Motor an und holte das Segel ein. Sie fragte, ob sie bei irgendetwas helfen könne, und er bat sie, die Fender herauszunehmen. Sie holte sie aus dem Stauraum, sodass er sie festbinden konnte.

»Jetzt brauchst du nichts mehr zu machen«, sagte er. »Du kannst dich einfach da drüben hinsetzen.«

Sie setzte sich also und sah ihm zu. Er schien genau zu wissen, was er in jedem Augenblick zu tun hatte. Sie versuchte es sich zu merken. Falls es nicht das letzte Mal war. Er warf den Anker aus, und sie glitten zwischen zwei größere Segelboote. Die Fender quietschten. Er eilte zum Bug und sprang mit zwei Leinen an Land, zog sie durch zwei Ringe auf der Brücke, sprang wieder aufs Boot und machte die Leinen fest. Dann ging er nach hinten und spannte das Ankertau.

»Das wär's«, sagte er.

Sie ging runter in die Kajüte, um ihre Sachen zusammenzupacken. Er folgte ihr. Jetzt würde sie ihm das mit dem Mittagessen vorschlagen.

»Setz dich doch einen Moment«, sagte er und deutete auf die Couch. Sie setzte sich, und er nahm ihr gegenüber Platz, sodass sich der herunterklappbare Tisch zwischen ihnen befand.

»Das war wohl nicht so gelungen«, meinte er.

»Wie meinst du das?«

»Ich hätte genausogut allein segeln gehen können.«

Sie wandte den Blick ab und versuchte den Kloß im Hals herunterzuschlucken, der sich rasch vergrößerte.

»Ich hoffe, du nimmst es mir nicht übel, aber es gibt irgendwie keinen Grund, solche Dinge zu verschweigen.«

»Oje«, brach sie hervor. »Ich weiß gar nicht, was ich sagen soll. Ich fand nicht, dass es so schlimm war. Ich bin nur einfach das Meer nicht gewohnt.«

Er zuckte mit den Achseln.

»Ich hatte vermutlich andere Erwartungen als du. Ganz andere. Du hast nicht einmal angeboten abzuwaschen. Du hast einfach nur rumgesessen – oder gelegen. Und manchmal hast du regelrecht wütend gewirkt.«

Da stand sie auf, wandte ihm den Rücken zu und öffnete einen der Schränke über der Couch. Dort lag das Buch, das sie nicht einmal aufgeschlagen hatte. Sie legte es in ihren Rucksack. Dann öffnete sie den nächsten Schrank. In ihm lagen eine Menge Jachtzeitschriften. Sie machte den Schrank wieder zu, spürte seinen Blick im Nacken.

»Ich hoffe, dass dich das nicht gekränkt hat«, sagte er.

Sie antwortete nicht und dachte, dass er ihre Kleider woanders hingetan haben musste. Sie war sich sicher, dass sie sie in den mittleren Schrank über dem Sofa gelegt hatte.

»Du darfst ruhig was sagen«, meinte er.

»Es gibt wohl nicht so viel zu sagen«, erwiderte sie und tat so, als würde sie in ihrem Rucksack nach etwas suchen.

»Na dann«, sagte er. »Dann finde ich, dass wir das alles vergessen sollten. Ich kann dich natürlich nach Hause fahren, wenn du willst. Es gibt aber auch einen Bus.«

»Ja«, sagte sie.

Sie richtete sich auf und dachte: Jetzt geht er die Treppe hinauf in die Sonne und ist weg. Vom Winde verweht. Und das war sicher gut so, damit sie wieder Luft bekam. Aber er blieb hinter ihr stehen und schwankte genau wie sie, und sie presste den Rucksack mit beiden Armen an sich und spürte, dass ihr im Nacken der Schweiß ausbrach. Er ging nicht, worauf wartete er nur, und auch sie ging nirgendwohin.

LIS VIBEKE KRISTENSEN

Mogens

Klaus ist der erste. So ist es vorgesehen. Aus psychologischer Sicht ist es klug, mit einer einfachen Person zu beginnen und anschließend mit einer richtigen Kratzbürste weiterzumachen. Dann hat man sich an den Extremen geübt und ist im Rhythmus. Alles, was danach kommt, ist vorhersehbar und dem Anschein nach weniger schlimm.

Klaus gibt sich zuversichtlich. Er hat unzählige Möglichkeiten, etwas Neues zu kriegen. Mogens hat von seinen Leuten erfahren, dass bereits von einem Angebot die Rede ist.

Klaus spricht direkt mit Mogens, und zwar wie ein Gentleman zum anderen. Die Vertreterin des Betriebsrates würdigt er keines Blickes. Für Klaus geht es darum, noch möglichst viel aus dem Unternehmen herauszuholen. Das kann Mogens seinen Augen ansehen, mit denen er ihn gründlich mustert.

Kurse. Abfindung. Freistellung mit vollen Bezügen. Wir schauen uns das an, Klaus. Wir einigen uns mit der Personalabteilung, und wenn Sie jetzt schon nach Hause wollen, ist das okay.

Die Betriebsrätin gießt sich auf dem Rolltischchen eine weitere Tasse Kaffee aus der Kanne ein. Den Konferenztisch halten sie frei von Tassen. Bitte keinerlei deplatzierte Gemütlichkeit.

Die Betriebsrätin ist eine robuste Frau, die mit ihrer Rolle in diesem Spiel vertraut ist. Wie Mogens hat auch sie Kurse besucht. Kurse im Leute-Entlassen. Sie heißen anders, aber darum geht es. In diesem Sektor werden Riesensummen verdient, aber es ist gut angelegtes Geld. Leute so reibungslos wie möglich hinauszukomplimentieren ist eine Kunst, die man erlernen kann. Die aufgewendeten Mittel sind gut investiert und amortisieren sich schnell. Besonders in diesen Zeiten.

Vor diesen Kursen gab es einige unglückliche Episoden. Man bestellte die Leute gruppenweise ein, während ihre Computer heruntergefahren und ihre Schreibtische ausgeräumt wurden. Nach Hause geschickt, unberührt von Menschenhand. Natürlich um Gerede zu vermeiden.

Geredet wurde trotzdem, die Presse bekam von der Sache Wind, und das Image der Marke litt noch Monate später darunter.

Jetzt geht alles genau nach Lehrbuch.

Die nächste Kandidatin gehört zu den schwierigen Fällen. Britta. Britta war kerngesund, immer zu Überstunden bereit und immer neugierig darauf, etwas Neues zu lernen. Bis sie operiert wurde. Mogens kann sich nicht mehr erinnern, weswegen, aber es war etwas Ernstes. Das ist jetzt ein paar Jahre her, Britta ist gesund und arbeitet schon lange wieder. Aber sie ist nicht mehr ganz dieselbe wie früher.

Wir ziehen es vor, an Ihrer Stelle Belinda zu behalten, Britta. So etwas hätte ihm früher, ehe er eines Besseren belehrt wurde, noch herausrutschen können.

Britta weiß sehr wohl, dass es sich so verhält, aber man muss es ihr ja nicht unter die Nase reiben.

Britta weint. Das ist das Schlimmste.

Mogens schaut aus dem Fenster. Es fällt mir wirklich nicht leicht, Britta. Mir tut es genauso weh wie Ihnen. Aber was wäre, wenn ich jetzt auch anfangen würde zu weinen? Wir würden auf beiden Seiten der polierten Tischplatte sitzen und Rotz und Wasser heulen. Das würde auch nichts ändern.

Die Entscheidung wurde weiter oben gefällt. Ich setze sie nur um.

Mit wohlwollender Unterstützung Ihrer Betriebsrätin, die ebenfalls wählte, keine andere Wahl zu haben.

Die Kleenex-Schachtel steht auf der Passagierseite, wie die Vertreterin des Betriebsrates sie nennt. Ihr Job hat zu einem etwas abgebrühten Humor geführt, und selbst in diesen Zeiten reicht es noch für einen Scherz, wie sie es ausdrückt.

Auf der Liste stehen zwanzig Namen. Eine hat sich krankschreiben lassen. Vielleicht hat sie Lunte gerochen. Sich noch eine Gnadenfrist eingeräumt, obschon diese kurz ist.

Der Konzernchef ist Hobbygärtner. Er spricht von »Outsourcing« und Verschlankung und Pikieren, als ginge es darum, Apfelbäume zu beschneiden.

Man forme, so gut es unter den gegenwärtigen Umständen möglich ist.

Die Axt liegt neben der Wurzel des Baums. Keine Krankmeldung der Welt lässt sie an ihren Platz im Geräteschuppen verschwinden, bevor die Arbeit getan ist.

Mittwoch ist der Tag, den sie sich in der Regel aussuchen. Man feuert niemanden an einem Freitag. Es ist ein Menschenrecht, sich mit seinen Kollegen besprechen zu können. Er selbst hätte es vermutlich an ihrer Stelle vermieden, in der ganzen Welt die eigene Niederlage auszuposaunen, aber die Menschen sind unterschiedlich.

Der Mittwoch ist ein neutraler Tag, besonders geeignet,

weil er mitten in der Woche gelegen ist. Alle haben zu tun, und es bleibt keine Zeit für große Szenen oder Schluchzorgien auf der Damentoilette.

Zehn vor der Mittagspause. Neun danach. Dann bleibt Mogens mehr Zeit, zum Flughafen zu fahren und den schlimmsten Berufsverkehr zu vermeiden.

Bereits am Montag werden sich die heftigsten Wogen geglättet haben. Die Empörung und die Schuldgefühle bei den Übriggebliebenen werden bereits der Erleichterung darüber gewichen sein, dass der Pikierengel dieses Mal an ihrer Tür vorbeigegangen ist. Hinzu kommt, dass sie besonderen Eifer an den Tag legen und ständig ihre Loyalität und ihre Flexibilität beweisen müssen.

Trotzdem geht Mogens nach einer solchen Runde ein wenig auf Abstand.

Ein paar Tage in Nordschweden mit Ulf von der Stockholmer Hauptverwaltung und seiner unterhaltsamen Barbro. Hanne hat sich von der Agentur freigenommen und ist ausgelassen wie ein Kalb, das zum ersten Mal auf die Weide darf. Die Zwillinge proben für ein Musical in der Schule und sind alt genug, um auf sich selbst aufzupassen.

Sich nicht rasieren müssen, Hanne in blendender Laune, wenn sie ihre Luxuskonserven von der Spritztour nach Paris auftischt, und Barbro, die über alles nur lacht und sich noch eine Bloody Mary mixt.

Vier Tage Pfadfinderleben. Ausflüge mit Feldstecher und Tornister auf dem Rücken, Bergschuhen und Goretexjacken, belegten Broten und Flachmännern mit Gammel Dansk, was die Schweden frivol finden und deswegen lieben. Das Basislager ist die Berghütte des Kollegen.

Hütte ist der falsche Ausdruck. Sauna, Jacuzzi und Heizstrahler auf der Terrasse für kühle Abende haben mit Pfadfinderleben nicht viel gemein.

Der Jacuzzi sprudelt schon vor seinem inneren Auge, als sich Nummer acht an den Tisch setzt.

Kein Lamm, das zur Schlachtbank geführt wird. Hans-Henrik ist Ende fünfzig, der Älteste seiner Abteilung, aber was die Arbeit betrifft, allen jüngeren Kollegen haushoch überlegen. Er hat immer die neuesten Artikel gelesen und kennt die Pläne der Konkurrenz.

Einer, der nie in eine leitende Position aufgestiegen ist, sondern es vorgezogen hat, sich hinter den Kulissen mit den Dingen zu beschäftigen, mit denen er sich am besten auskennt. Den fachlichen, die Mogens nicht beherrscht.

Ein Chef muss nicht unbedingt ein Experte sein, was die Inhalte betrifft, dafür hat er seine Leute, sagen die Klugen. Einerseits. Andererseits gibt es Typen wie Hans-Henrik, der sich nicht zu schade dafür ist, sich über Mogens' mangelhafte Kenntnisse zu mokieren, wenn sich die Gelegenheit bietet.

Beim Entlassen geht es nicht darum, lästige Personen loszuwerden. Das würde Mogens selbst im Schlaf noch behaupten. Aber wird er vor die Wahl gestellt, Fachwissen zu behalten oder jemanden zu eliminieren, der ihn ständig an die eigene Unzulänglichkeit erinnert, dann ist auch er nur ein Mensch. Das müsste selbst ein Arbeitspsychologe verstehen.

Der Betriebsrat hat ohne größere Einwände grünes Licht gegeben. Hans-Henrik hat nicht viele Freunde. Er ist schon rein körperlich ein kleiner Mann, und kleine Männer wählen verschiedene Strategien, um zu verhindern, dass man sich über sie lustig macht. Hans-Henrik hat sich für den Sarkasmus entschieden. Das führt in seiner Umgebung zu Verwirrung und Unsicherheit – man zieht sich zurück.

Peng. Die Papiere auf den Tisch. Noch Fragen? Wenn Sie nachgedacht haben, sind wir offen für ein weiteres Gespräch. Und reden Sie doch noch mal mit der Personalabteilung, nicht wahr?

Ein entlassener Ingenieur mit siebenundfünfzig ist wirklich ein Fall für die Personalabteilung, Hans-Henrik.

Der Hass in den Augen des Mannes ist nicht zu übersehen.

Mogens hält den Atem an. Seine eigene schnurgerade Laufbahn hat er hauptsächlich seiner Persönlichkeit zu verdanken, einer effektiven Kombination aus Rücksichtslosigkeit und Diplomatie. Überwiegend Letzterer.

Direkte Konflikte vermitteln ihm ein Gefühl der Niederlage, und zwar ungeachtet ihres Ergebnisses. Dass er sich stets in der Position des Stärkeren befindet, reduziert glücklicherweise ihre Anzahl.

Aber Hans-Henrik hat nichts zu verlieren, und wenn es denn sein muss, ist Mogens bereit. Die kleinen Härchen auf seinem Rücken richten sich bereits auf.

Hans-Henrik öffnet den Mund, aber es kommen keine Worte. Keine verbalen Racheakte, keine wohl vorbereiteten Schmähreden. Nichts.

Stattdessen beugt er sich über den Tisch und ringt nach Luft. Eine Träne läuft ihm über die stets ein wenig unsauber rasierte Wange. Hans-Henrik ist geschieden, und niemand sieht bei ihm nach dem Rechten.

Eine Träne und noch eine. Die Sache kann unvorstellbar peinlich werden.

Mogens erhebt sich. Eine ausgestreckte Hand, ein fester Händedruck, vielleicht nicht gerade ein goldener, aber das eine oder andere Sümmchen für lange und treue Dienste wäre schon denkbar, wenn er selbst darum bittet.

Nichts kommt von selbst, das wusste bereits Shakespeare.

»Hätten Sie nicht warten können?«

Natürlich hat der Mann recht. Zwei oder drei Jahre, und er hätte ganz normal in Rente gehen können, heutzutage gibt es nicht mehr viele, die mit sechzig noch arbeiten. Stattdessen muss er mit der Schande leben. Der Schande, nicht durchgehalten zu haben, ausgemustert worden zu sein, verbraucht, außer Dienst.

Vielleicht hätten Sie daran denken sollen, als Sie Ihre Sticheleien von sich gegeben haben, Hans-Henrik.

Die Betriebsrätin legt dem Mann ihre plumpe Hand auf den Pulloverärmel.

»Wenn es hilft, können wir nach Feierabend miteinander sprechen.«

Ein kleiner Mann, ein zorniger, gekränkter und erniedrigter kleiner Mann hat seinen Stuhl zurückgeschoben. Jetzt sieht er sie an und durchschaut sie dabei auf eine unangenehme, unverschämte Art.

Die Tränen sind weg, als wären sie nie vergossen worden.

»Besten Dank.«

Die Betriebsrätin wendet den Blick ab. Mogens folgt dem Mann mit den Augen, bis die Tür hinter ihm zufällt.

Vor dem Fenster hängen schlaff die Firmenflaggen, eine frühe Hitzewelle hat sich angekündigt. Der Kaffee in der Thermoskanne steht schon zu lange und schmeckt bitter. Während sie auf frischen warten, kann er noch ein paar Telefonate einschieben. Die Betriebsrätin nutzt die Gelegenheit, um auf die Toilette zu gehen.

Hanne ist schon seit gestern in Stockholm. Sie ist von Paris direkt dorthin geflogen. Sie und die beiden anderen treffen Mogens in Arlanda, und dann fliegen sie gemeinsam nach Norden. Wie immer ist Hanne für die Planung verantwortlich.

Jetzt klingt sie leicht außer Atem, als er sie auf ihrem rauschenden Handy erreicht.

»Wir sind schon hier.«

»Wo?«

»In der Hütte«, teilt sie mit. »Uffe hat sich den ganzen Tag freigenommen, Babsan fliegt erst morgen früh, irgendwas war da noch bei ihren Kindern in der Schule. Das Wetter ist ganz phantastisch.«

Ehe er überhaupt fragen kann, hat sie bereits geantwortet.

»Hier oben am Flugplatz steht ein Wagen von Hertz für dich bereit. Wir treffen uns unten an der Tankstelle, wenn wir im Ort Wein eingekauft haben. Schließlich wollen wir nicht, dass du dich verfährst.«

Nach siebzehn Jahren weiß er, was Sache ist. Ihr gezwungenes Lachen und die übertriebene Sorge um ihn, obwohl er selbst noch mit verbundenen Augen eine Höhle fände, bedeuten in der Regel, dass sie sich bemüht, in einer schwierigen Situation fröhlich und enthusiastisch zu klingen.

»Geht es dir gut?«

»Supergut«, sagt sie auf Schwedisch. Hanne spricht vier Sprachen und jongliert gerne mit ihnen. »Uffe will noch was sagen.«

Es klingt, als würde das Handy zu Boden fallen, jemand kichert. Hannes Tempo nimmt zusammen mit Uffe und Barbro immer noch zu. Manchmal wird es regelrecht zu viel.

Ulfs Stimme klingt amüsiert.

»Hallo, Mugge. Kauf doch noch so eine große, eklige Dauerwurst in Kastrup, verstanden?«

Hanne protestiert lautstark im Hintergrund. Ulf spricht unverdrossen weiter.

»Wir können hier nicht die ganze Zeit nur Gänseleber essen.«

»Okay, Chef.«

Ulfs Stellung ist etwas gehobener als die von Mogens, was zur Folge hat, dass man ihm nicht widerspricht, selbst wenn es um Dauerwurst geht. Dass man die Frau des anderen kennt und sich Uffe und Mugge nennt, und zwar auch in der Öffentlichkeit, ändert nichts an diesem Verhältnis. Man hat es verinnerlicht, es ist unkompliziert und erspart einem Überraschungen.

Hanne ist wieder am Apparat.

»Hör nicht auf ihn. Er hat einen schlechten Geschmack. Küsschen. Fühl dich umarmt. Bis dann.«

Die Ehefrauen stehen außerhalb der Hierarchie. Hanne und Barbro nehmen sich Sachen heraus, von denen ihre Männer nicht einmal träumen würden.

Die Betriebsrätin hat lautlos wieder Platz genommen. Ihr kurz geschnittenes Haar ist nass, vielleicht hat sie draußen den Kopf unter den Wasserhahn gehalten. Mogens kann riechen, dass sie geraucht hat, obwohl Rauchen auf dem gesamten Stockwerk verboten ist.

Mein Gott. Sie sieht fertiger aus als Mogens selbst. Fast könnte sie einem leid tun.

Mogens legt das Handy beiseite.

Die letzten Termine vor der Mittagspause verlaufen ohne Zwischenfälle.

Zwei Frauen mittleren Alters mit Stirnfalten, die auf Kurzsichtigkeit schließen lassen, und herabgezogenen Mundwinkeln, die von Doppelbelastung und Selbstbeherrschung zeugen. Das Problem besteht darin, dass sie zu sehr an die eigenen Mütter erinnern, als dass sich junge Männer in ihrer Gegenwart entspannen könnten, und die neuen Mitarbeiter sind hauptsächlich männlich und unter fünfundzwanzig.

Eine von ihnen ist alleinerziehend mit einem behinderten Sohn. Ein Kollateralschaden der unangenehmeren, aber auch unvermeidlichen Art.

Beide halten den Kopf hoch erhoben, zumindest bis sich die Tür hinter ihnen geschlossen hat.

Der Nachmittag vergeht, ohne andere sichtbare Spuren zu hinterlassen als einen roten Fleck am Hals der Betriebsrätin.

Aus irgendeinem Grund, den Mogens nicht kennt oder sich nicht eingestehen will, ist Helene die Letzte auf der Liste.

Helene von der Presseabteilung, deren blonder Pferdeschwanz zu den braunen Augen in Kombination mit der Ausdauer eines Terriers die Journalisten dazu bringt, brav auf Schemelchen zu sitzen und ihr aus der Hand zu fressen.

Helene mit den langen Wimpern und den langen Beinen unter dem korrekten Rock.

Das Ganze ist immer noch etwas unklar.

Die Flasche Whisky. In seinem Büro. Was zum Teufel hatten sie da eigentlich verloren? Nach der Weihnachtsfeier, das war wirklich ganz und gar nicht sein Stil. Ein Taxi, das nie kam. Sie hatten denselben Weg, und alle anderen waren plötzlich weg.

Soweit sich Mogens erinnern kann, kam es lediglich zu etwas Gefummel auf dem Sofa.

Eine Hand zwischen seinen Beinen. Seine eigene in unmittelbarem Kontakt mit einem warmen und nassen Schoß.

Seine Hose lag zwar zusammengeknüllt auf dem Boden, als er erwachte, aber was bewies das schon?

Helene war verschwunden. Draußen wurde es schon hell. Seine Hand roch immer noch nach ihr, durchdringend, gut und erregend.

Helenes Gegenwart ruft Erinnerungen wach, auf die er lieber verzichten würde. Sie hat sich natürlich nichts anmerken lassen. Ihr Umgangston ist vollkommen einwandfrei. Aber selbst eine professionelle Teflonoberfläche reicht nicht aus, um die kleine, aber unangenehme Unsicherheit ganz zu eliminieren.

Eine Dummheit im betrunkenen Zustand würde seine Ehe nie bedrohen können, in der Treue von Anfang an die Regel war. Die Ausnahmen waren unbedeutend gewesen. Das ist es nicht.

Sex mit einer Angestellten wird von der Konzernleitung alles andere als gern gesehen. Die Grenze zur Schikane ist haarfein, und es hat Skandale gegeben. Chefs, die vorzeitig hatten abtreten müssen. Artikel in der Presse.

Helene nimmt auf dem Stuhl ihm gegenüber Platz. Helene legt einen Arm auf die Rückenlehne und eine Hand auf die Tischplatte. Helene stellt den Blick auf unmittelbaren Kontakt ein.

»Wie sieht's aus, Mogens? Willst du die Zeugen loswerden?«

Die Betriebsrätin spitzt die Ohren, das fällt ihm auf. Er kann nur eines tun. Die Bemerkung überhören. Sich an den Ablauf halten. Den Puls, der gefährlich in seinem Bauch galoppiert, unter Kontrolle halten.

Bald wird er diesen Schlamassel hinter sich gelassen haben. Bald wird ihm eine freundliche Stewardess in der Maschine nach Stockholm ein kaltes Bier reichen. Bald wird er im Jacuzzi sitzen und Britta, Hans-Henrik und Helene ein für alle Mal durch seine Poren entweichen lassen.

Er muss es hinter sich bringen.

Was zählt, ist Professionalität, die souveräne Beherrschung aller richtigen Handgriffe.

Einige Minuten später knallt die Tür hinter Helenes blau gekleidetem Rücken zu.

Mogens gähnt hinter vorgehaltener Hand. Dann lächelt er die Betriebsrätin an, der die Fragen ins Gesicht geschrieben stehen.

»Wollen wir für heute Schluss machen?«

»Gewissen Leuten mag das ja vergönnt sein.«

Natürlich. Wahrscheinlich hat sie einen Abend voller tränenreicher Telefonate und Anschuldigungen, die ihm selbst erspart bleiben, vor sich. Daran kann er nicht viel ändern.

Etwas Wasser unter die Arme, das Deo wird mit dem Ärgsten fertig. Hemd und Schlips werden durch einen bequemen Rollkragenpullover ersetzt, die Reisetasche mit dem Rest steht im Schrank bereit.

Die hintere Treppe zum Parkplatz ist menschenleer. Auf eine Fahrt im Aufzug mit einem der Entlassenen oder mit deren Kollegen kann er verzichten.

Er hat die Reisetasche gerade auf den Rücksitz geworfen, da sieht er sie.

Mit verschränkten Armen steht sie vor seinem Wagen. Eine blonde Locke ist aus ihrem Pferdeschwanz gerutscht. Ihre braunen Augen funkeln angriffslustig.

»Glaub bloß nicht, dass du so einfach davonkommst.«

Außer ihr ist niemand auf dem Parkplatz. Bis zum Feierabend ist es noch eine Weile hin, alle anderen arbeiten.

Möglicherweise findet außerdem noch eine Betriebsratsversammlung statt, auf der sich die Betriebsrätin den Kopf waschen lassen muss.

Er setzt sich hinters Steuer und startet den Motor, dann lässt er langsam die Kupplung kommen. Das Auto rollt an und versetzt ihrem Körper einen leichten Stups.

»Aus dem Weg!«

Die Begegnung von Stahl und einem menschlichen Körper veranlasst ihn, etwas lauter zu rufen als eigentlich beabsichtigt.

Aber sie macht nicht Platz, sondern lässt sich noch dazu auf die Kühlerhaube kippen. Sie liegt dort, während das Auto langsam weiterfährt, und kriecht auf ihn zu.

Er beschleunigt etwas, aber sie hat jetzt einen Scheibenwischer erhascht und klammert sich fest.

Erst als der Scheibenwischer abbricht, hält er an. Sie ist halb von der Kühlerhaube gerutscht, und die Hand, mit der sie den abgerissenen Scheibenwischer festhält, blutet aus einer langen Schramme.

»Bist du wahnsinnig geworden?«

»Und du?«

Und dann kommt es. Alles, was sich um seine Person herum im Verlauf des Tages verdichtet hat. Ein sprudelndes Inferno aus Hass und Verachtung verzerrt ihr hübsches Gesicht und bringt ihn dazu, das Lenkrad noch fester zu umklammern.

Trotz geschlossener Scheiben hört er jedes Wort.

»Deine Karriere ist keinen Pfifferling mehr wert, wenn ich den Mund aufmache.«

Wahrscheinlich wäre es ein Leichtes, ihre Anklagen im Fall der Fälle als Hirngespinste und Rachegelüste abzutun. Soweit er weiß, hat niemand sie zusammen gesehen.

Andererseits …

Die Schramme in ihrer Hand ist tief. Aus der Wunde tropft es rot und bedrohlich auf den Asphalt des Parkplatzes.

Jetzt sieht sie es auch.

Er öffnet die Tür auf der Beifahrerseite.

»Steig ein. Ich fahr dich zur Notaufnahme.«

Helenes Hand ist nach allen Regeln der Kunst genäht worden. Sie hat ihre Tetanusspritze bekommen und Schmerztabletten geschluckt. Man hat miteinander gesprochen, und nun befindet sich Helene in ihrer kleinen, aber gemütlichen Wohnung in Frederiksberg mit einer tröstlichen Flasche Weißwein und dem Versprechen einer Abfindung, die ein gutes Stück über dem Durchschnitt liegt.

Seine Maschine ist schon lange weg, und bei dem Flug, für den er schließlich ein Ticket ergattert, hat das Boarding bereits begonnen, als er durch den Korridor zum Gate hastet.

Das Bier, auf das er sich so gefreut hatte, schmeckt sauer und bitter. Er ist so hungrig, dass ihm bereits beim Gedanken ans Essen übel wird.

Er hat eine Nachricht auf Hannes Mailbox hinterlassen und hofft, dass sie sie auch abhört.

Eigentlich ist es weder ihre Art noch die von Ulf, das Handy auszuschalten. Wahrscheinlich gibt es Probleme mit dem Empfang. Das ist dort oben am Rand der Zivilisation nicht selten.

Hanne. Während er auf seinen Erdnüssen herumkaut, ersetzt er vor seinem inneren Auge Helenes verheulte und triumphierende Visage durch ihr Gesicht.

Wenn es einen Menschen auf Erden gibt, den er liebt,

dann ist das Hanne. Er liebt sie mehr als die Zwillinge, die die Pubertät in kleine Maschinen verwandelt hat, die immer nur Ansprüche stellen. Er liebt sie mehr als die Arbeit.

Sie sind ein perfektes Team. Gemeinsame Werte, gemeinsame Normen.

Nach drei Jahren Elternzeit hat Hanne rasend schnell Karriere gemacht. Hanne hält sich fit und kann überall mitreden, und zwar nicht nur hinsichtlich der exklusiven Taschen, die sie mit großem Erfolg importiert.

Babsan hingegen hat in ihrem ganzen Leben noch nie gearbeitet. Es kann ihr passieren, dass sie ermüdend detailliert von ihren Einkaufsrunden im Nobelwarenhaus NK und von ihrer neuesten Diät erzählt.

Hanne besorgt Eintrittskarten für Konzerte und die Oper, schleift ihn an die Strände im Norden Thailands und auf griechische Inseln, von denen er noch nie gehört hat, und kutschiert die Zwillinge überallhin. Außerdem besucht sie seine Mutter, sodass ihm das erspart bleibt.

Er versucht es noch mal bei Hanne, als er den Mietwagen anlässt, aber die Teilnehmerin ist vorübergehend nicht erreichbar.

Die Sonne ist noch nicht untergegangen, obwohl es schon spät ist. Mückenschwärme hängen wie Rauchwolken in den flachen Sonnenstrahlen.

Hanne hätte jetzt ein Mittel gegen Mücken parat, aber nun ist er eine leichte Beute. Als er eine gute Stunde später die Tankstelle erreicht, ist sein Hals um zwei juckende Beulen von der Größe von Hühnereiern reicher. Ihm kommt es vor, als hätte er Fieber.

Die Tochter des Tankstellenbesitzers steht an einer der Zapfsäulen und wischt sich die Hände mit Putzwolle ab. Sie kennen sie schon, seit sie dreizehn ist. Inzwischen hat sie einen Riesenbusen, und ihr straßenköterblondes Haar ist in einem Gelbton gefärbt, der an das Kreuz in der schwedischen Flagge erinnert.

»Sie haben hier auf Sie gewartet, dann sind sie wieder gefahren.«

Eine Frau, die nicht viele Worte macht, diese Janet Linnea. Beide Namen spricht man so aus, wie man sie schreibt, merk dir das endlich, sagt Hanne stets.

Ein riesiger Lastwagen mit Anhänger steht dröhnend an einer der Dieselzapfsäulen. Als er wieder auf die Landstraße einbiegt, sieht Mogens im Rückspiegel, wie Janet dem Fahrer eine Sporttasche in die Kabine reicht und auf der Beifahrerseite einsteigt.

Der See liegt im roten Schein der untergehenden Sonne spiegelblank da. Tannen streben dunkelblau auf den hellen Himmel zu.

Auf der Terrasse glüht noch der Grill, die Reste einer Mahlzeit stehen auf dem runden Teakholztisch. Beim Geruch von Knoblauch und verkohltem Fett rumort es hungrig in seinem Magen.

Petroleumlampen verbreiten ihr mildes Licht über den Holzboden der Terrasse. Ein leiser, pulsierender Rhythmus ist aus den offenen Glastüren des Seitenflügels zu hören, in dem sich die Gästezimmer und die Saunaabteilung befinden. Etwas Lateinamerikanisches, das an dunkle Winkel in heißen Tanzlokalen und an öl- und schweißglänzende Haut denken lässt.

Dort drinnen brennen viele Kerzen in hohen Kerzenhaltern aus Glas. Jemand sitzt mit dem Rücken zu Mogens in einem Liegestuhl. Eine behaarte Wade ist zu sehen, ein Fuß in einem blauen Badeschuh, der sich im Takt der Musik bewegt.

Hanne steht in weißem Bademantel neben dem Jacuzzi und gießt Rotwein in ein bauchiges Glas. Ihre Lippen bewegen sich. Die Worte hört er nicht, nur das Lachen in ihrer Stimme.

Ein Lachen, das über den Abstand vieler Jahre zu ihm dringt. Den Gesichtsausdruck kennt er auch.

Das Gras benetzt seine Knöchel mit Tau, als er quer über das Grundstück zum Auto zurückkehrt. Er setzt sich hinters Steuer, dreht den Zündschlüssel zur Hälfte um und überlegt es sich dann anders.

Die schwache Beleuchtung des Armaturenbretts wird von dem schwindenden Licht aufgesogen. Am Ende des Abhangs ziehen die Nebelschwaden über den See, der Lärm der Frösche ist plötzlich ohrenbetäubend.

Eine Mücke landet auf der Innenseite seines Handgelenks. Eine große Mücke mit zierlichen gebogenen Beinen, die mit ihrem elegant geknickten Rüssel zielbewusst die dünne Haut wenige Zentimeter von seiner Pulsader entfernt ansteuert.

Er spürt den kleinen, brennenden Stich, als der Rüssel in seine Haut eindringt. Er sieht, wie sich der hängende Rumpf langsam füllt und schwer wird – von seinem Blut.

Es wäre ein Leichtes, sie plattzumachen, aber was würde das schon ändern.

HELENE TURSTEN

Das alte Lied

Das Wasser war noch nicht warm genug, um zu längerem Schwimmen zu verlocken. Bisher war der Juni kalt und regnerisch gewesen, aber wie durch die unerwartete Gunst irgendeines Wettergottes war pünktlich zum Mittsommerwochenende ein kleines Hochdruckgebiet aufgezogen.

Die Luft, die um ihre nackten Körper strich, war angenehm warm. Die Frische des kalten Seewassers ließ sich im Wind erahnen, und sie erschauerte. Eine leichte Gänsehaut überzog ihren Körper. Ihre schweren Brüste hoben sich im Wasser wie zwei schmelzende Eistorten, die großen Brustwarzen erinnerten an verrutschte Dekorationen. Vorsichtig umschloss er mit seinen Lippen eine Brustwarze und spürte, wie sie noch steifer wurde. Langsam ließ er seine Hand über ihren Bauch und zielbewusst zwischen die weichen Innenseiten ihrer Schenkel gleiten. Er hielt inne und nahm ein wenig von dem Massageöl aus der Flasche, die auf dem Felsen stand. Das Öl fühlte sich behaglich und sonnenwarm auf seinen Fingerspitzen an. Sie spreizte ihre Beine ein wenig und stöhnte vor Wohlbehagen, als er damit begann, sie zu streicheln. Der Orgasmus ließ ihren ganzen Körper erzittern. Ihre kurzen, schrillen Schreie und ihr Keuchen zogen über den See. Sie würden niemanden stören. Sie waren ganz allein am Strand.

Er erinnerte sich nicht mehr, wie oft sie sich in den vergangenen Stunden geliebt hatten, aber das war auch nicht wichtig. Hauptsache, sie waren zusammen und konnten sich genießen. Fast schüchtern hatte sie zu ihm gesagt, sie werde langsam ein wenig wund.

Er legte sich auf den Rücken und schloss die Augen, weil die Sonne ihn blendete. Ihre Fingerspitzen schlichen weich über seine Haut. Sie hielten kurz inne und kehrten dann mit dem warmen Öl benetzt zurück. Rhythmisch begann sie sein steifes Glied zu streicheln und massierte ihn gleichzeitig unter den Hoden. Das war unbeschreiblich angenehm. Ein blutroter Nebel pulsierte hinter seinen geschlossenen Lidern und radierte alle Gedanken aus. Nur dieses unbeschreibliche Gefühl war noch da! Nur das war wirklich!

Nach dem Bad in dem kühlen See wickelten sie sich in die Badelaken und gingen Hand in Hand langsam auf das Sommerhaus zu. Nach der intensiven Nacht fühlten sich beide müde und schwach in den Beinen. Sie hatten sich nur wenige Stunden Schlaf gegönnt. Sie wussten, dass sie von einer rasenden Leidenschaft verzehrt wurden. Ihre Zeit war meist sehr knapp bemessen. Ein ganzer Tag und eine ganze Nacht waren ein Geschenk des Himmels. Deswegen hatten sie das Gefühl, diese Stunden maximal auskosten zu müssen. Es würde mehrere Wochen dauern, bis sie sich wieder sehen konnten, da sie verreisen musste.

Vielleicht war es ein vergeblicher Wunsch, so viel Befriedigung sammeln zu wollen, dass es bis zum nächsten Treffen reichen würde. Beide wussten, dass es so nicht funktionierte. Bereits nach ein paar Tagen würde sich die zunehmende fieberhafte Sehnsucht im Körper bemerkbar machen, und die

Phantasien würden sich in immer kürzeren Abständen ihrer bemächtigen. Das Telefonieren vergrößerte ihre Sehnsucht nur noch. Aber sie hatten gelernt, sich in Geduld zu üben und immer daran zu denken, sich nicht zu verraten, ihre Lust und ihre Liebe zu verbergen. Es war das alte Lied: Sie war verheiratet.

Sie saßen auf der Glasveranda des Sommerhauses und aßen eingelegten Hering mit neuen Kartoffeln, da hielt er plötzlich, die Gabel erhoben, inne. Ein Klecks Crème fraîche landete auf der Tischdecke, aber er merkte es nicht.

»Ich wünschte mir, Åke würde sterben!«, sagte er verbittert.

Sie starrte ihn entsetzt an.

»Aber ... das darfst du nicht sagen«, protestierte sie lahm.

»Du willst das auch. Warum um die Sache herumreden?«, erwiderte er mürrisch.

Er wich ihrem Blick aus und starrte aus einem der Fenster der Glasveranda. Sie bestanden aus vielen kleinen Scheiben aus grünem und blauem Glas, die in einem komplizierten Muster angeordnet waren. Das Farbenspiel auf seinem Gesicht, wenn die Sonne durch die bunten Scheiben fiel, ließ den Eindruck von Kriegsbemalung entstehen. Sie lächelte schwach und strich ihm zärtlich über die Wange.

»Früher oder später regelt es sich, das weißt du«, sagte sie leise.

Er nickte und wirkte plötzlich beschämt.

»Ja, verzeih mir, Liebling, aber es ... fällt mir so schwer. Dass wir nicht hier sein können, ohne die ganze Zeit aufpassen zu müssen, und dass wir nicht zusammen in die Stadt gehen können ... es ist unerträglich.«

Er nahm ihre Hand und küsste sie.

»Du weißt, dass sich das regelt«, wiederholte sie ernst.

»Ja, das schon. Aber manchmal ist es so, dass man … gerne nachhelfen würde …«

Er verstummte, als sie ihre Hand wegzog. Sie senkte rasch den Kopf, aber trotzdem meinte er ein paar Tränen in ihren Augen funkeln zu sehen.

»Verzeih. Ich wollte nicht …«, sagte er reumütig.

Sie nickte schweigend.

»Lange wird er nicht mehr leben«, sagte sie tonlos.

»Ich weiß, aber es geht mir einfach zu langsam!«

Sie erwiderte nichts und spießte ein Stück Hering auf die Gabel. Als er ihrer zitternden Hände gewahr wurde, schämte er sich. Jetzt hatte er sie traurig gemacht und aus der Fassung gebracht. Dass er auch immer von Åke anfangen musste! Aber es ließ sich nicht ändern, ihr Ehemann stand zwischen ihnen. An ihm kamen sie nicht vorbei. Wäre alles normal gewesen, hätte sie sich von Åke scheiden lassen können. Aber alles war alles andere als normal. Als er sie anschaute, überkam ihn große Zärtlichkeit. Er beugte sich über den Tisch und umfing ihren Kopf mit beiden Händen. Behutsam zwang er sie dazu, ihm in die Augen zu sehen.

»Liebes. Verzeih mir. Ich habe nicht gemeint, dass … du weißt schon. Ich liebe dich. Ich liebe dich mehr als alles andere auf dieser Welt.«

Das klang in seinen Ohren ziemlich banal, aber er konnte sich nicht besser ausdrücken. Er versuchte es wirklich. Keine andere Frau hatte je so starke Gefühle in ihm geweckt, keine andere hatte ihn je dazu gebracht, den Versuch zu unternehmen, seine Gefühle in Worte zu fassen. Jetzt versuchte er es aus ganzem Herzen.

Sie hörte nicht so sehr darauf, was er sagte, sondern auf seinen Tonfall. Sie hörte alles heraus, was er für sie empfand: Liebe, Begehren, Respekt, Stolz und alles andere, was er nicht ausdrücken konnte. Sie konnte sich sehr glücklich schätzen, solche Gefühle in so einem Mann geweckt zu haben. Und wenn nicht …

Mit größter Willensanstrengung schob sie alle Gedanken an Åke von sich.

»Jetzt denken wir die restlichen Stunden, bis ich nach Hause fahren muss, nur noch an uns«, sagte sie mit einem energischen Lächeln.

»Natürlich! Skål!«, sagte er und lachte.

Sie prosteten sich mit ihren Schnapsgläsern zu. Ein kleines Glas O. P. Anderson Aquavit hatten sie sich zu diesem Heringsessen am Mittsommertag gegönnt. Aber nur eins. Schließlich wollte sie ohne Fahne nach Hause kommen.

Den Kaffee tranken sie draußen in der von Flieder umgebenen Laube. Die Fliederbüsche hatten seine Eltern im Kreis angepflanzt, als sie das Sommerhaus gebaut hatten. Sie hatten nicht an Platz gespart, da das Grundstück riesig war. Als Kind war ihm das Innere der Laube immer wie eine Zirkusmanege vorgekommen. Mit seinen Geschwistern hatte er dort so manche Vorstellung gegeben, und ihre Eltern hatten als Publikum herhalten müssen.

Jedes Jahr beschnitt er die Hecke in Höhe und Breite. Sie war sehr dicht und ließ keinerlei Einblick zu. Eine kleine Öffnung in der Fliederwand führte in diesen abgeschiedenen Raum des Gartens. In seiner Mitte standen alte und sperrige Gartenmöbel, ein Tisch mit einer Bank und zwei Sesseln mit dicken und sehr bequemen Polstern. Die Stimmung in der

Laube war fast unwirklich friedlich. Die Sonne brannte vom Himmel, und kein Lüftchen drang durch die dichte Fliederwand.

»Hier ist es warm. Wir ziehen uns aus«, sagte sie einfach.

Sie erhoben sich aus ihren Sesseln und legten die Polster auf die Erde. Langsam begannen sie, einander auszuziehen. Er küsste sie vorsichtig in den Nacken und hakte ihren BH auf. Dieses Kleidungsstück hatte er sich bis zum Schluss aufgehoben. Er liebte zwar jeden Quadratmillimeter ihres Körpers, aber ihre großen Brüste vergötterte er. Wie befreit fielen sie aus den Körbchen. Er drückte sie an sich und strich gleichzeitig mit beiden Händen über ihren Bauch. Er hob die weichen Brüste an und wog sie in den Händen. Es erstaunte ihn, wie schwer sie waren. Er drückte sich von hinten an sie, und sie spürte, wie sich sein Penis versteifte. Ohne sich umzudrehen, zog sie seine Unterhose ein Stück herunter. Er ging ein wenig in die Knie, sodass sich seine befreite Männlichkeit zwischen ihre Schenkel drängen konnte.

»Wir legen uns hin«, flüsterte sie.

Sie ließen sich auf die Kissen auf dem Rasen sinken. Insekten summten träge um ihre verschwitzten Körper herum, aber sie merkten es nicht, und es kümmerte sie auch nicht.

Sie waren an den Strand gegangen, um ein letztes Bad zu nehmen. Er hatte eine kleine Flasche mit Flüssigseife mitgenommen. Wehmütig wuschen sie den Duft der Liebe von ihren Körpern. Der ließ sich nicht mitnehmen. Für ihn spielte das eigentlich keine Rolle, da er noch bleiben würde. Für sie war es wichtiger, die Spuren der letzten vierundzwanzig Stunden auszuradieren. Niemand durfte Verdacht schöpfen. Das durfte einfach nicht passieren!

Der Zeitpunkt ihrer Abfahrt rückte näher. Die kleine Tasche, die sie für die Übernachtung mitgebracht hatte, stand fertig gepackt neben der Tür. Sie hatte sich sorgfältig angekleidet und duftete nach der Flüssigseife.

Einige Spritzer ihres Lieblingsparfüms an strategischen Stellen hatten schließlich auch noch die letzte Erinnerung ihrer leidenschaftlichen Begegnung ausgelöscht. Sie war bereit, in ihr anderes Leben zurückzukehren. Er konnte nichts dagegen tun, dass die düsteren Gedanken vom Mittagessen zurückkehrten. Vielleicht hatte sich auch ein Quäntchen Eifersucht eingeschlichen, vollkommen irrational, das wusste er. Aber was half das schon, da die Liebe ohnehin hoffnungslos unlogisch war.

Er umarmte sie und atmete ihren Geruch ein. Er wollte ihn sich einprägen und versuchen, ihn in den folgenden Wochen in Erinnerung zu behalten.

»Liebst du ihn noch?«, flüsterte er ihr ins Haar.

Noch im selben Moment bereute er es. Die Frage war dumm und dreist gewesen. Sie erstarrte und antwortete lange Zeit gar nichts. Schließlich machte sie sich aus seiner Umarmung frei und sah ihm ins Gesicht.

»Nein. Ich habe schon vor vielen Jahren aufgehört, ihn zu lieben. Ich kam dahinter, dass er untreu war, nicht nur einmal, sondern mehrmals. Diese ganzen Kurse und Konferenzen, an denen er immer teilnehmen musste … er ließ nichts aus, sobald sich eine Gelegenheit ergab!«

Deutlich war ihre Bitterkeit aus diesen Sätzen herauszuhören, und sie versuchte auch gar nicht erst, sie zu verbergen.

»Wieso bist du bei ihm geblieben?«, wagte er zu fragen.

»Wegen der Kinder. Außerdem hatte ich gekündigt.«

»Du hättest dir doch eine andere Arbeit suchen können? Du hattest doch was gelernt.«

»Das schon. Aber dass ich schlecht sah, fing schon damals an. Seinerzeit verdienten Krankenschwestern auch noch miserabel, und für drei Kinder hätte ich nie allein aufkommen können.«

»Dann hätte er eben wie alle anderen Unterhalt zahlen müssen!«, rief er aufgebracht.

Sie sah ihn lange an, ehe sie antwortete.

»Du kannst dir nicht vorstellen, wie Åke war. Er hätte mich nie gehen lassen. Niemals! Diese Schmach hätte er sich nicht bieten lassen. Alles gehörte seiner Firma. Haus, Auto, Sommerhaus, wirklich alles. Keine Krone hätte ich bekommen!«

Die Entrüstung trieb ihr leuchtend rote Flecken auf die Wangen. Er sah erneut Tränen in ihren Augen funkeln und musste sich schon wieder schämen. Was fiel ihm eigentlich ein, in der Vergangenheit herumzustochern, die ihn streng genommen überhaupt nichts anging? Warum musste er sie auch ständig mit diesen sinnlosen Fragen quälen?

Seine eigene Ehe war kinderlos geblieben. Schon vor vielen Jahren hatten sie sich getrennt. Anschließend hatte er allein gelebt. Er hatte eine interessante Arbeit und viele Hobbys gehabt. Außerdem war es ihm gelungen, viele seiner Freundschaften über die Scheidung hinwegzuretten, außerdem hatte er neue Freunde gefunden. Natürlich hatte es Frauen in seinem Leben gegeben, aber keine ernsthafteren Beziehungen. Damit war er bislang sehr gut gefahren. Diese Frau besaß jedoch alles, wovon er je geträumt hatte, wovon er jedoch nicht geglaubt hatte, dass es auf dieser Welt existieren könnte. Sie waren wie füreinander geschaffen und hatten ein Recht darauf, zusammenzuleben. Die Wirklichkeit sah jedoch anders aus, und zwar wegen ihres Mannes, den sie nicht verlassen konnte. In letzter Zeit hatte er oft aus reiner Frustration die Faust an die Wand geknallt. Das änderte zwar nichts, aber der klopfende Schmerz in seiner Hand dämpfte seine Wut.

Die Dinge waren nun einmal, wie sie waren. Viele Male hatte er zähneknirschend über die raffiniertesten Methoden nachgedacht, Åke umzubringen. Glücklicherweise war es bei diesen mörderischen Phantasien geblieben. Er hatte keine andere Wahl, als sich mit der Situation abzufinden und abzuwarten. In der Zwischenzeit mussten sie sich mit den Augenblicken begnügen, die sie irgendwo abknapsen konnten.

Innig küsste er sie ein letztes Mal. Dann sagte er: »Vermutlich ist es besser, wenn wir jetzt gehen.«

Sie streckte ihre Hand nach dem weißen Stock aus, der neben der Tür stand. Die andere Hand legte sie vorsichtig auf seinen Arm.

»Ich bin bereit«, sagte sie und lächelte.

Zusammen gingen sie den schmalen Pfad zur Schotterstraße entlang. Er schlängelte sich durch ein Kiefernwäldchen. Die sonnenwarme Erde duftete angenehm nach Harz und Tannennadeln. Sie gingen gemächlich, weil es ein schöner Waldspaziergang war und weil sie außerdem bei jedem Schritt aufpassen musste. Ihre geblümte Stofftasche trug er in der linken Hand. Sie war nicht schwer. Für einen Sommerabend brauchte man nicht viel.

Zuerst sah er nur die Staubwolke in der Ferne.

»Das Taxi«, stellte er fest.

»Auch wenn sie einen gelegentlich warten lassen, bin ich froh, dass es Taxis gibt«, meinte sie.

Plötzlich spürte sie, wie müde sie war. Auf der Fahrt in die Stadt würde sie sich entspannen können. Das war schön.

Das Taxi kam rasch näher. Es bremste, und der Kies knirschte. Der Wagen war kaum zum Stillstand gekommen, als die Fahrertür aufging und der Fahrer heraussprang. Ein junger Mann mit Kurzhaarfrisur und einem silbernen Ring in der Braue. Er lächelte das Paar am Wegrand an.

»Hallo, Oma!«, rief er fröhlich.

Sie war so baff, dass es ihr die Sprache verschlug, und starrte ihn an.

»Oma?«, wiederholte der Mann neben ihr.

Sie nahm sich zusammen und wandte sich an ihren Begleiter.

»In der Tat. Mein jüngster Enkel Niklas.«

Sie ließ seinen Arm los und breitete die Arme aus, um ihren Enkel zu umarmen. Erfreut lächelnd kam er um den Wagen herum und gab seiner Großmutter einen schmatzenden Kuss auf die Stirn.

»Da staunst du, was?«

Er lachte und sah seine kleine, mollige Großmutter, die ihm nur bis zur Brust reichte, liebevoll an.

»Ja ... allerdings«, erwiderte sie mit einem matten Lächeln.

Dann nahm sie sich zusammen, wandte sich an den Mann, mit dem sie gerade eine heiße Liebesnacht verbracht hatte, und sagte: »Danke, mein Lieber, für dieses nette und gute Mittagessen. Grüß die anderen bitte noch mal von mir. Wir sehen uns dann im August beim nächsten Treffen der Grauen Panther.«

Höflich nahm sie seine Hand und lächelte ihn an.

»Wie bitte? Graue ... ich meine ... natürlich richte ich die Grüße aus ... an die anderen«, murmelte er.

Um seine Verwirrung zu kaschieren, trat er an den Kofferraum und stellte die kleine Tasche hinein. Währenddessen öffnete Niklas seiner Großmutter die Tür auf der Beifahrerseite.

Das Letzte, was er von ihr sah, war ihre Hand, die aus dem Seitenfenster winkte. Dann verschwand das Taxi in einer Staubwolke.

Sie hatte zwar gewusst, dass Niklas seit einigen Wochen Taxi fuhr. Aber auf die Idee, dass ausgerechnet er sie an diesem Tag abholen könnte, war sie nicht gekommen. Sie fand trotzdem, dass sie sich gut aus der Affäre gezogen hatte. »Grüß die anderen, wir sehen uns im August beim nächsten Treffen der Grauen Panther«, hatte sie gesagt, als sei es das Natürlichste auf der Welt, dass ihr solche Lügen einfielen und dass sie sie mühelos über die Lippen brachte!

Ihr Abschied war nicht ganz so verlaufen, wie sie ihn sich vorgestellt hatte. Er hatte wirklich sehr enttäuscht gewirkt. Sie würde ihn noch am Abend anrufen. Das Auftauchen von Niklas wie aus heiterem Himmel hatte eine vollkommen unerwartete Komplikation dargestellt.

»Ich habe deinen Namen unter den Vorbestellungen gesehen und gebeten, die Fahrt machen zu dürfen. Super, was?«, meinte Niklas überschwänglich.

»Wirklich prima«, erwiderte sie und lehnte sich gegen die Kopfstütze.

Ihre Lider wurden schwer, und sie schloss die Augen. Das war auch eine effektive Methode, um das laute Gebrabbel von Niklas zu dämpfen. Er war ein charmanter junger Mann, der gerade Abitur gemacht hatte. Sie war sogar bei seiner Abschlussfeier gewesen. Schaudernd erinnerte sie sich daran, wie müde sie der Lärm gemacht hatte. Sie war dankbar dafür, dass er der letzte Enkel war, der Abitur gemacht hatte. Jetzt waren alle fünf Enkel erwachsen.

»... ich fahr wohl noch bis November Taxi. Dann verschwinden Tobbe und ich für drei Monate nach Thailand. Megageil! Und dann muss ich mir etwas einfallen lassen, wenn ich wieder nach Hause komme. Bist du eingeschlafen?«

Sie zuckte zusammen, als sie seine letzte Frage begriffen hatte. Mit einer Kraftanstrengung schlug sie die Augen auf und sah ihn an. Obwohl sie dicht nebeneinander saßen, hatte sie Mühe, sein Gesicht deutlich zu erkennen.

»Nein. Ich bin nur etwas müde. Es ist nett, aber auch anstrengend, sich mit vielen Leuten zu treffen. Aber das Essen war gut. Hering. Das darf an Mittsommer einfach nicht fehlen«, sagte sie und versuchte, ihre Stimme unbekümmert klingen zu lassen.

»Wie viele wart ihr?«

»Tja ... etwa acht. Die anderen wollten später fahren. Niemand wohnt in meiner Richtung, deswegen konnten wir uns das Taxi nicht teilen. Und zu Opa muss ich auch noch.«

Damit wollte sie weiteren Fragen zuvorkommen, was sie auf dem Land gemacht hätte. Aber Niklas ließ sich nicht so leicht abspeisen.

»Der Typ, der dich begleitet hat, hat das Essen bei ihm stattgefunden?«

Sie nickte, ihr fiel keine andere Antwort ein. Niklas schien das nicht zu bemerken. Stattdessen setzte er seine Befragung fort: »Wie geht es Opa denn? Mama meinte, ziemlich übel.«

»Ja ... das stimmt. Die Ärzte sagen, es geht bergab. Sie können nichts machen. Er ist zu alt, und sein Herz will nicht mehr.«

Ihre erste Reaktion war Erleichterung darüber gewesen, dass er nicht weiter nach dem Mittsommeressen gefragt hatte. Gleichzeitig fiel ihr selbst auf, wie müde ihre Stimme klang.

Ja, sie war wirklich müde! Sie war es leid, jahraus, jahrein die loyale Ehefrau zu spielen, die sich rührend um ihren kranken Ehemann kümmert! Sie war es leid, jeden Tag ins Krankenhaus zu fahren und an seinem Bett zu sitzen. In den letzten Jahren war nicht mehr zu erkennen gewesen, dass er ihre Anwesenheit überhaupt bemerkte. Sie wusste, dass Åke sie nur selten oder überhaupt nicht besucht hätte, wenn es umgekehrt gewesen wäre und sie schweigend und reglos im Bett gelegen hätte. Niemand hätte ihm einen Vorwurf gemacht. Schließlich wäre er plötzlich ein Mann gewesen, der allein zurechtkommen musste. Allen hätte er leid getan, man hätte ihn zum Abendessen eingeladen und …

Von ihrem Enkel wurde sie in ihren Überlegungen gestört.

»Wie alt ist Großvater eigentlich?«, fragte er.

»Nächsten Monat wird er vierundachtzig.«

»Dann ist er ja wirklich ein ganzes Stück älter als du?«

»Zehn Jahre.«

»Hm. Und er vegetiert einfach vor sich hin. Dauert das jetzt nicht schon sechs Jahre?«

»Nicht ganz. Vor fünf Jahren war der Schlaganfall. Es waren mehrere, um genau zu sein. Deswegen ließ sich in der Reha auch nichts mehr machen. Die Lähmungen waren zu groß …«

Ihre Stimme versagte, und sie schloss wieder die Augen. Sie spürte, dass Niklas ihr den linken Unterarm tätschelte.

»Aber du bist tough, Oma. Du hast dir ein eigenes Leben geschaffen. Mit Mama und Tante Lena gehst du in die Oper.

Und außerdem hast du doch diese Treffen von dem Rentnerklub … Schwarze Panther oder wie er gleich wieder hieß … Du lädst Leute nach Hause ein und lässt dich einladen. Das ist gut für alte Leute … ich meine …«

Sie lächelte über seine plötzliche Verlegenheit.

»Ja, das ist richtig. Wir älteren Leute müssen aktiver werden. Für alle ist der Kontakt zu anderen Menschen wichtig. Man muss spüren, dass das Leben einen Sinn hat.«

Und dass man geliebt wird, dachte sie.

AUTOREN- UND QUELLENNACHWEIS

INGER ALFVÉN, geboren 1940 in Stockholm, hat als Sozialarbeiterin gearbeitet, ehe sie sich ganz dem Schreiben widmete. Auf Deutsch erschienen ihre Romane »Vier Töchter« und »Das weite Meer«, in dem der Verlust eines Kinds aus der Sicht der Mütter thematisiert wird.
»Die Grenze« [Gränsen]. Aus dem Schwedischen von Lotta Rüegger. In: Det blå skåpet och andra berättelser. Albert Bonniers Förlag, Stockholm 1999, Seite 37–51. © Inger Alfvén.

LINE BAUGSTØ, geboren 1961 in Kristiansand, ist Schriftstellerin und Journalistin. Bisher veröffentlichte sie vier Romane und zwei Erzählbände. Auf Deutsch erschien ihr Kinderbuch »Tara und der Krempelkobold«.
»Hausfrauenurlaub« [Husmorferie]. Aus dem Norwegischen von Annika Krummacher. In: Kvinnen i den lille gondolen. Noveller. © 2002 Forlaget Oktober A. S., Oslo, Seite 43–54.

CECILIA DAVIDSSON, geboren 1963 in Växjö, hat in Schweden einen Roman und mehrere Erzählsammlungen sowie Kinderbücher veröffentlicht.
»Flaute« [Vänta på vind]. Aus dem Schwedischen von Lotta Rüegger. In: Vänta på vind. Albert Bonniers Förlag, Stockholm 2002, Seite 133–154. © Cecilia Davidsson.

INGER EDELFELDT, geboren 1956 in Stockholm, verfasste Theaterstücke, Erzählungen und Romane, die sie teilweise selbst illustrierte. Auf Deutsch erschienen neben Kinder- und Jugendbüchern der Erzählband »Helenas freier Tag« sowie die Romane »Der gute Mörder« und »Ihr heimlicher Name«.
»Selbstbewusstsein« [Självförtroende]. Aus dem Schwedischen von Hedwig M. Binder. In: Riktig kärlek. Norstedts Förlag, Stockholm 2001. Nach: 4x Edelfeldt, Panpocket, Stockholm 2005, Seite 562–587. © Inger Edelfeldt.

ÅKE EDWARDSON, geboren 1953 im småländischen Vrigstad, wo sein Vater eine Konditorei besaß, ist gelernter Journalist und lebt in Göteborg. Mit seinem Kriminalkommissar Erik Winter hat er sich in die Herzen auch der deutschen Leser geschrieben und zählt heute mit Håkan Nesser, Henning Mankell und Arne Dahl zu den vier bekanntesten Krimiautoren Schwedens. Zuletzt erschienen auf Deutsch seine Romane »Geh aus, mein Herz« und »Winterland« sowie sein Kinderbuch »Samuraisommer«.
»An ihre Freundin« [Till hennes kompis]. Aus dem Schwedischen von Susanne Dahmann. In: Åke Persson (Hg.), Till alla vänner. 16 kända svenska kvinnor och män skriver om vänskap. Bokförlaget SEMIC, Sundbyberg 1999, Seite 101–105. © Åke Edwardson.

LEVI HENRIKSEN, geboren 1964, lebt am Elvis Presley Boulevard in Granli in der waldreichen Provinz Østfold. Er ist Journalist, Musiker, Songschreiber und Schriftsteller. Auf Deutsch erschien bislang sein Roman »Bleicher als der Schnee«.
»Die Schwestern Bergkvist« [Søstrene Bergkvist]. Aus dem Norwegischen von Gabriele Haefs. In: Ned, ned, ned. 13 Fortellinger. © 2003 Gyldendal Norsk Forlag AS, Seite 29–57.

KJELL JOHANSSON, geboren 1941 in Stockholm, wo er auch heute noch lebt, war unter anderem Hafenarbeiter, ehe er sich ganz dem Schreiben widmete. Großen, auch internationalen Erfolg hatte er mit den Romanen »Der Geschichtenmacher« und »Die Traumseglerin«. Auf Deutsch erschienen außerdem »Gogols Welt« und »Eine Räuberpistole«.
Eine Frage der Liebe« [En fråga om kärlek]. Aus dem Schwedischen von Annika Krummacher. © Kjell Johansson.

THEODOR KALLIFATIDES, geboren 1938 im griechischen Molai Lakonias, kam 1963 nach Schweden. Er ist Autor zahlreicher Romane, von denen auf Deutsch »Ein leichter Fall« und »Der sechste Passagier« vorliegen. Von 1972 bis 1976 war er Chefredakteur der Literaturzeitschrift »Bonniers Litterära Magasin« und wurde 2000 von der Regierung für seine »herausragende schriftstellerische Tätigkeit« zum Professor ernannt.
»Die Seidenstraße« [Sidenvägen]. Aus dem Schwedischen von Susanne Dahmann. In: Erotik. Tolv författare kring ett tema. AWE/Gebers, Stockholm 1988, Seite 108–122. © Theodor Kallifatides.

LIS VIBEKE KRISTENSEN, geboren 1943 in Svendborg, arbeitete lange am Theater, ehe sie sich ganz der Schriftstellerei widmete. Auf Deutsch erschienen ihre Romane »Ein bretonischer Sommer«, die mitreißende Geschichte einer Dänin, die es in die Bretagne verschlägt, und »Ein Haus am Ende der Welt«, die ineinander verwobenen anrührenden Geschichten einer Amerikanerin, einer Isländerin und einer Russin.
»Mogens« [Mogens]. Aus dem Dänischen von Holger Wolandt. In: I Europa – en fortælling. Lindhardt og Ringhof, Kopenhagen 2003, Seite 94–107. © Lis Vibeke Kristensen.

KATARINA MAZETTI, geboren 1944 in Stockholm, arbeitete bis 1989 als Schwedisch- und Englischlehrerin im nordschwedischen Umeå. Heute lebt sie in Lund und arbeitet als Journalistin bei Sveriges Radio. Auf Deutsch liegen neben mehreren Jugendbüchern die erfolgreichen Romane »Der Kerl vom Land« und die Fortsetzung »Mein Kerl vom Land und ich« sowie der Krimi »Jede Menge Ohrenzeugen« und »Ein Kerl zum Verlieben« vor.
»Verirrt« [Vilse]. Aus dem Schwedischen von Annika Krummacher. Originalbeitrag. © 2005 Katarina Mazetti.

KJERSTI SCHEEN, geboren 1943 in Oslo, ist gelernte Buchillustratorin. Neben Kinderbüchern erschienen auf Deutsch mehrere ihrer Kriminalromane mit der Privatdetektivin Margaret Moss, darunter »Vorhang zum Tod«, »Kein Applaus für den Mörder«, »Die Spur der toten Engel« und »Die siebte Sünde«.
»Mit jedem Beliebigen« [Med hvemsomhelst]. Aus dem Norwegischen von Annika Krummacher. In: Solveig Bøhle, Kom inn i min natt! Kom inn i min drøm. Noveller. © 1992 Gyldendal Norsk Forlag AS, Oslo, Seite 7–14.

OLINE STIG, geboren 1966 in Göteborg, lebt heute in Stockholm. Neben Theaterstücken hat sie zwei Erzählsammlungen veröffentlicht. Außerdem schreibt sie Essays für »Dagens Nyheter« und Literaturkritiken für »Sydsvenska Dagbladet«.
»Die Hochzeitsreise« [Bröllopsresa]. Aus dem Schwedischen von Lotta Rüegger. In: Ryggen fri. Noveller. Albert Bonniers Förlag, Stockholm 1999, Seite 118–127. © Oline Stig.

HELENE TURSTEN, geboren 1954 in Göteborg, lebt in Sunne in Värmland. Bevor sie sich hauptberuflich dem Schreiben widmete, arbeitete sie als Krankenschwester und Zahnärztin.
Ihre Romane mit der Inspektorin Irene Huss sind auch in Deutschland überaus erfolgreich. Auf Deutsch erschienen bislang »Der Novembermörder«, »Der zweite Mord«, »Die Tätowierung«, »Tod im Pfarrhaus« und »Der zweite Verdacht«. Außerdem liegt von ihr ein Band mit Gespenstergeschichten vor: »Die Frau im Fahrstuhl«.
»Das alte Lied« [Den gamla vanliga historien]. Aus dem Schwedischen von Holger Wolandt. Originalbeitrag.